U0527512

财务管理轻松学

业财一体化实战

李 丽 ◎ 著

中国铁道出版社有限公司
CHINA RAILWAY PUBLISHING HOUSE CO., LTD.

图书在版编目（CIP）数据

财务管理轻松学：业财一体化实战/李丽著.
北京：中国铁道出版社有限公司，2024.11.--ISBN
978-7-113-31508-5

Ⅰ.F275

中国国家版本馆CIP数据核字第2024YD6249号

书　　名：	财务管理轻松学——业财一体化实战
	CAIWU GUANLI QINGSONG XUE: YE-CAI YITIHUA SHIZHAN
作　　者：	李　丽

责任编辑：王　佩　　编辑部电话：（010）51873022　　电子邮箱：505733396@qq.com
封面设计：光大印艺
责任校对：苗　丹
责任印制：赵星辰

出版发行：中国铁道出版社有限公司（100054，北京市西城区右安门西街8号）
印　　刷：河北宝昌佳彩印刷有限公司
版　　次：2024年11月第1版　2024年11月第1次印刷
开　　本：710 mm×1 000 mm　1/16　印张：12.5　字数：160千
书　　号：ISBN 978-7-113-31508-5
定　　价：58.00元

版权所有　侵权必究

凡购买铁道版图书，如有印制质量问题，请与本社读者服务部联系调换。电话：（010）51873174
打击盗版举报电话：（010）63549461

推荐序

  知识的海洋浩渺无垠，每一本好书都如一座指引我们前行的灯塔。今天，我有幸在这里，为李丽即将出版的新书撰写推荐序，内心充满了敬意与期待。这本书不仅是对财务管理领域的深刻洞察，更是智慧与经验的结晶。

  "三尺讲台，传承千秋伟业，一支话筒，响彻万里江山。"这句话完美地诠释了李丽在财务管理领域的卓越贡献和深远影响。她以深厚的专业背景和丰富的实践经验，为我们展现了一个全面而精细的财务管理世界。她的书籍不仅是对财务知识的系统梳理，更是对财务管理实践的深度挖掘和前瞻性思考。

  在李丽的这本书中，我们可以感受到她对财务管理的热爱和执着。她以独到的视角和见解，为我们揭示了财务管理的真谛，让我们在学习的过程中不断积累知识、提升能力。同时，她也注重培养读者的独立思考和创新能力，通过大量的案例分析和问题探讨，引导我们深入思考财务管理的实际问题。

  正如"原理上没有最终答案，只有永恒的追问"所言，李丽的这本书也体现了这种不断探索和追求卓越的精神。她敏锐地捕捉到了数字化、智能化等新技术给财务管理带来的挑战和机遇。书中不仅提供了财务管理的专业知识和实践经验，更激发了我们对财务管理工作的热情和信心。

"经师易遇，人师难求"，能够遇到李丽这样的良师，实在是难能可贵。

最后，我想说，这本书的价值不仅在于其内容的丰富和全面，更在于其独特的见解和远见。它为我们提供了一个全新的视角和思考方式，让我们更加深入地理解和把握财务管理的本质和规律。我相信，这本书将成为财务管理领域的经典之作，为广大读者带来深刻的启示和帮助，共同推动财务管理领域的进步和发展。

张　玉

2024 年 6 月 8 日

自　　序

　　财务管理的核心思想作为一条主线贯穿于生产经营与流程。它不仅是企业运行的基石，也是企业管理决策者手中的利器，还是企业实现价值创造的路径。

　　日益复杂的市场环境和变化莫测的商业模式，令人目不暇接甚至无所适从。但是通过财务管理这条核心线，我们不仅能够创造企业价值，实现经济效益最大化，更重要的是能够统一企业创造价值的理念，并在这个过程中提高管理者的问题处理能力，为企业的长远发展奠定坚实基础。

　　在多年的职业生涯中，我见证了财务管理如何成为连接企业战略与日常运行的桥梁。它不仅涉及资金筹措、成本控制、预算编制等具体事务，更是企业文化的生动体现。通过财务管理，可以将企业文化巧妙地融入每一个经济活动中，确保整个团队上下一心，心往一处想、劲往一处使，朝着共同的目标前进。

　　因此，在我构思这本书的过程中，中心思想、核心主线就是通过财务管理统一公司创造价值的理念，目的是让读者更加深入地理解财务管理思想在企业文化建设中的重要作用。此外，我还会分享具体实用的方法、工具与生动的案例，以帮助读者更好地将财务管理思想与企业文化相融合，实现企业可持续发展。

这本书适合企业管理人员、财务管理人员，以及对财务管理和企业文化感兴趣的读者。通过这本书，我希望能够帮助大家更好地理解财务管理的核心原理，掌握实用的财务管理技巧，同时也能够启发大家思考如何通过财务管理这条主线来创造价值，为企业的长远发展注入活力。

最后，我要感谢我的导师、家人、领导的支持与鼓励，在编写过程中，他们提供了许多宝贵的建议和帮助。

财务管理是一门博大精深的学问，也是一门需要不断学习和实践的艺术，我称之为"博雅技艺"。我更希望这本书能够成为大家在财务管理道路上的良师益友，助您一臂之力。通过深入理解和实践财务管理，让我们共同努力，为企业的发展贡献自己的力量。

谨以此书，献给所有热爱财务管理、追求卓越，并致力于将财务管理的核心思想注入企业文化建设当中的读者。

李 丽

2024 年 7 月 1 日

目　　录

第一章　初探财务管理的大门　1
　　第一节　财务管理的魅力与重要性 / 1
　　第二节　目标是星辰大海，原则是黄金法则 / 8
　　第三节　财务管理的"烹饪"流程 / 14

第二章　财务报表的"藏宝图"　35
　　第一节　财务报表中的"宝藏"与"陷阱" / 35
　　第二节　揭秘财务比率背后的故事 / 41
　　第三节　财务报表大侦探：综合分析与应用 / 48

第三章　预算：财务管理的"魔法棒"　57
　　第一节　预算管理的含义和作用 / 57
　　第二节　预算的开启方式：编制流程与方法 / 62
　　第三节　预算执行的魔法时刻：控制与策略 / 74

第四章　成本控制的"瘦身秘籍"　79
　　第一节　成本管理：瘦身秘籍的精髓与秘诀 / 79
　　第二节　成本核算：揭秘成本的"瘦身"技巧 / 85
　　第三节　成本控制：实战瘦身，轻松驾驭 / 93

第五章　资本结构与筹资的"金融迷宫"　99
　　第一节　资本结构：迷宫地图与指南 / 99
　　第二节　筹资决策：迷宫探险之旅 / 103
　　第三节　资本成本与筹资策略：迷宫宝藏与陷阱 / 109

第六章 投资决策的"投资宝典" 114

第一节 投资决策：开启投资宝典的第一页 / 114
第二节 投资项目评估：挑选宝藏的秘诀 / 118
第三节 投资风险管理：保护宝藏，稳步前行 / 124

第七章 流动资金管理的"活水之源" 130

第一节 流动资金：企业的活水之源 / 130
第二节 筹措与运用：开源节流，活水滚滚 / 133
第三节 监控与优化：守护活水，持续流淌 / 140

第八章 财务分析工具的"魔法道具" 144

第一节 财务分析：魔法道具助力决策 / 144
第二节 财务预测与决策技术：魔法显神通 / 150
第三节 财务风险管理：魔法护盾，抵御风险 / 157

第九章 财务战略规划的"航海图" 162

第一节 财务战略规划：指引企业前行的航海图 / 162
第二节 制定与实施：扬帆起航，乘风破浪 / 165
第三节 评估与调整：航行中的指南针，确保方向正确 / 170

第十章 财务绩效考评的"奇妙冒险" 174

第一节 绩效考评：激发潜能的隐形引擎 / 174
第二节 绩效考评内幕：流程探索之旅 / 177
第三节 揭秘绩效考评：优化宝典全解析 / 181

第十一章 财务管理实操的"实战演练" 185

第一节 案例选取与分析：挑选实战对手，磨砺技能 / 185
第二节 实操模拟：实战演练，检验所学 / 187
第三节 案例总结与启示：汲取经验，成为财务高手 / 189

后记 ——感恩的心

第一章 初探财务管理的大门

第一节 财务管理的魅力与重要性

在这个瞬息万变的商业舞台上,财务管理已不再局限于传统的账房与密密麻麻的数据表格,它像一道磅礴的洪流,贯穿于现代企业的每一条血脉之中。它是企业活力的核心所在,是战略布局、日常决策与经营的稳固基石。在商业舞台上,它犹如一根纽带,将企业的各个职能板块紧密相连,推动企业在风云变幻的浪潮中稳健前行。

与传统观念中仅局限于财务部门的刻板印象相去甚远,各部门的财务管理思维虽视角各异,但最终统一归为价值创造这一核心主线上的思考模式。以终为始,虽然我们的出发点不同,但是目的地是相同的,无论是顶层设计、生产流程、市场拓展还是人才布局,每一个决策的背后,都闪耀着财务管理的智慧之光,它不再是孤立的数字游戏和理论,而是企业价值创造中不可或缺的智慧源泉。

一、财务管理的精准诠释及其核心理念

财务管理的深远影响使其处于企业整体运作的核心位置。它不再局限于数字的运算与表格的罗列,而是成为衡量各业务单元业绩和贡献的关键信息来源。在制定战略时,财务管理为高层管理者作决策提供

数据上的有力支撑，确保资源得到科学配置；在业务执行阶段，财务管理关注成本控制，力求实现资源利用的最大化；在市场推广和销售活动中，财务管理则通过精确的数据分析，反映业务效益，为营销策略的调整提供指导；同时，在人力资源管理方面，财务管理亦发挥着不可或缺的作用，助力薪酬体系的设计和预算的把控。通过财务管理的统筹协调，各职能部门的责、权、利高效协同，共同推动企业朝着既定目标稳步前行。

财务管理宛如一位精通财务的智者，以其敏锐的洞察力和精准的判断力，贯穿于企业的各个环节。它既掌握着资金流转的奥秘——从资金筹集到分配，从使用到监管；又掌握着价值创造的底层逻辑——从降本增效到提高资产的使用效率，无一不体现其深厚的智慧。在这个过程中，无论是战略制定者、业务执行者，还是市场推广人员，都紧紧围绕财务管理的核心思想展开工作，共同为企业创造价值，推动企业的持续发展和繁荣。

二、财务管理深远且广泛的影响

财务管理在现代企业管理中具有全面而深远的影响力（图1-1）。它不仅关乎企业的经济效益和成本控制，更涉及企业的战略决策、资源配置及战略目标的达成和长期发展。

（1）财务管理在成本控制方面发挥着至关重要的作用。通过对各项费用的严格把关和合理预算，财务管理能够确保企业在运营过程中实现成本最小化，从而提高企业的盈利能力和市场竞争力。

（2）财务管理在资本运作方面扮演着举足轻重的角色。通过合理的资金调度和风险管理，财务管理能够确保企业拥有足够的现金流来支持日常运营和扩张计划，同时降低财务风险，保障企业的稳健发展。

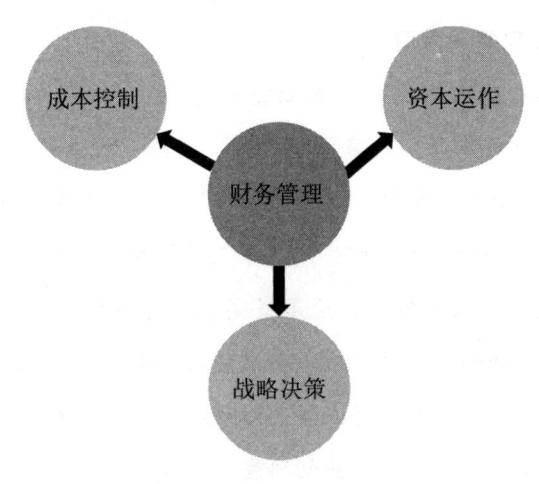

图 1-1　财务管理的影响

（3）财务管理通过财务数据和指标的分析，为企业战略决策提供有力支持。通过对财务数据的深入挖掘和分析，财务管理能够帮助企业识别出潜在的商机和风险，为企业制定科学的发展战略提供有力依据。

财务管理就像是企业的导航系统，引导着企业在复杂多变的市场环境中稳健前行。它不仅是企业经济效益的守护者，更是企业战略决策的重要支撑者。因此，现代企业管理必须高度重视财务管理的作用，不断提升财务管理水平，以应对日益激烈的市场竞争和不断变化的商业环境。

以下是××企业财务管理影响力的一个具体案例。

××企业财务管理影响力的案例分析

1. 背景介绍

××企业是一家专注于智能电子产品研发与生产的企业，随着市场竞争的加剧，该企业逐渐认识到财务管理对于企业战略决策和整体运营的重要性。因此，决定加强财务管理，提升财务决策的科学性和准确性。

2. 财务管理实施过程

（1）成本控制优化。××企业首先对内部成本结构进行了深入剖析，发现生产过程中的一些浪费。于是，实施了成本精细化管理制度，对生产流程进行优化，降低了生产成本。同时，还加强了采购管理，与供应商建立了长期稳定的合作关系，降低了采购成本。

（2）资金运作效率提升。为了提高资金运作效率，××企业建立了完善的资金管理体系。通过对现金流的实时监控和预测，确保资金充足且使用合理。此外，积极寻求外部融资机会，通过发行债券、与银行合作等方式筹集资金，支持企业的研发和投资活动。

（3）财务分析与决策支持。××企业注重财务数据的收集和分析，通过构建财务指标体系，对财务状况、经营成果及现金流进行了实时监控和评估。利用财务分析结果，为管理层提供决策支持，帮助企业制定更加科学的发展战略。

3. 财务管理影响力体现

（1）经济效益显著提升。经过一系列财务管理措施的实施，××企业产品的盈利能力明显增强，产品成本得到了有效控制；同时，管理效率明显提高。通过增加资金周转率，提高了单位资产的创收能力，节约了资金成本；此外，企业的良性融资活动优化了资本结构，增加了股东的投资回报，充分发挥了财务杠杆的作用。

（2）市场竞争力增强。通过财务管理优化，××企业的产品定价更加合理，更具市场竞争力。此外，在资金方面的优势也使其能够更好地应对市场波动和风险挑战，增强了市场竞争力。

（3）长期稳健发展基础夯实。财务管理的影响力还体现在企业的长期稳健发展方面。通过实施财务管理，××企业的战略规划更加科学，资源配置更加合理。这使得企业在未来发展中能够更好地把握市场机遇，应对挑战，实现长期稳健发展。

综上所述，××企业通过加强财务管理，实现了成本控制优化、资金运作效率提升，以及财务分析与决策支持等方面的改进。这些改进不仅提升了企业的经济效益和市场竞争力，还为企业的长期稳健发展奠定了坚实基础。

三、财务管理与企业文化的和谐共融

财务管理不是一套独立存在的项目体系，它可以将管理的规则与机制同人的行为、思想，与企业文化进行和谐共融，彰显出其非凡的深远价值。与企业文化融合的财务管理不再仅限于枯燥的数字与报表，它已然成为企业使命与价值的传递者，它如同一首激昂的歌曲，激荡着每一位员工的心弦。通过财务管理系统的搭建，将管理理念植入企业文化建设当中，更引领着员工将个人的职责与发展和企业的命运紧密相连，共同推动企业驶向辉煌的彼岸。

当财务管理的精髓与企业文化相互渗透，它便成为彰显企业价值观念的坚实基石。这样的企业文化让财务管理成为日常工作的灵魂，使每一位员工都能深刻领悟到自身工作对于实现企业宏伟目标的重要性。总的来说，当所有人在财务管理的道路上达成共识，整个团队便能凝聚起无比的力量，同心同德，共同迈向那充满希望的未来。

四、财务管理的魅力体现

财务管理的魅力体现在多个层面，它不仅是企业运营中的关键环节，更是一种策略性、艺术性兼具的管理实践，其魅力体现在多个层面，如图1-2所示。主要观点如下所述。

```
财务管理的四大魅力体现 ──┬── 策略与决策的智慧
                      ├── 资源优化配置的艺术
                      ├── 风险防控的堡垒
                      └── 价值创造的逻辑
```

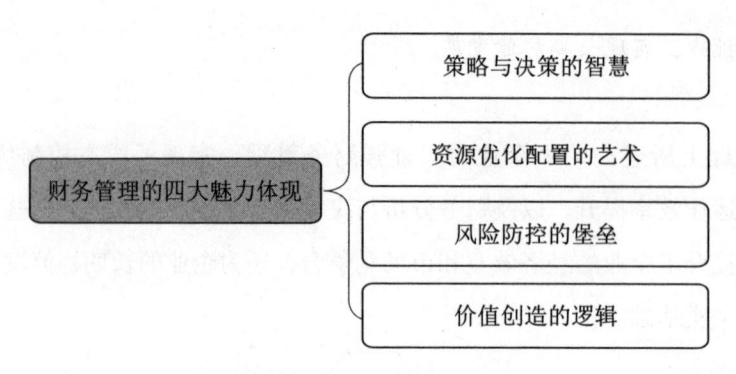

图1-2　财务管理的魅力体现

1. 策略与决策的智慧

财务管理是连接企业战略与日常运营的桥梁。通过精确的财务数据分析和预测，财务管理人员能够为企业决策者提供有力支持，助力企业制定长远战略和日常经营决策。这种智慧与洞察力的结合，使得财务管理在推动企业发展中扮演着不可或缺的角色。

2. 资源优化配置的艺术

管理者在应用财务管理理论指导实践时，需要灵活多变，具体问题具体分析。有限的资源如何发挥效用最大化，资源与责任的匹配，作为手段与方法，是建立在一定的素养、才能、知识和经验基础上的有创造性的活动。

3. 风险防控的堡垒

财务管理在风险防控方面发挥着重要作用。通过建立健全的财务风险管理体系，企业能够及时发现和应对潜在财务风险，确保企业稳健运营。同时，财务管理还能够通过合理的财务规划和策略调整，降低企业预期的经营风险和财务风险。

4. 价值创造的逻辑

财务管理的最终目标是实现企业的价值最大化。以战略目标为导向，通过投资管理、筹资管理、营运资金管理、收入分配管理等活动，促进利益相关者利益最大化的同时,实现企业价值最大化的过程;通过有效的财务管理实践,企业不仅能够提升盈利能力,还能够增强企业的竞争力和市场地位。这种价值创造与提升的过程,正是财务管理逻辑的魅力体现。

五、财务管理的战略意义

在现代企业运营中,企业管理的核心是财务管理,财务管理的核心是资金管理,其战略意义不仅体现在企业资金的有效利用和风险控制上,还体现在其对企业整体战略目标的支持推动与实现上,如图1-3所示。

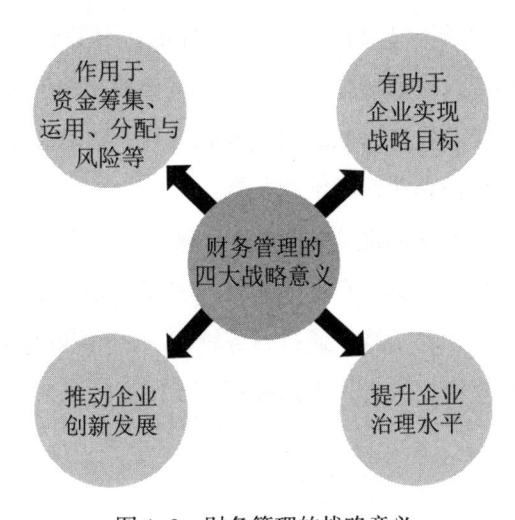

图1-3 财务管理的战略意义

1. 作用于资金筹集、运用、分配与风险等方面

通过制订合理的财务计划,企业能够确保资金的充足和高效利用,进而实现资源的优化配置。同时,财务管理还能够帮助企业预测和规避财务风险,为企业的稳定运营提供有力保障。

2. 有助于企业实现战略目标

在企业制定和实施战略的过程中,财务管理能够为企业提供关键的信息支持和决策依据。通过对财务数据的深入分析和挖掘，企业可以更好地了解自身的经营状况和市场需求，从而制订出更加符合市场需求的战略计划。此外，财务管理还能够通过有效的成本控制、预算管理和绩效考评，提高企业的盈利能力和市场竞争力。

3. 推动企业创新发展

随着市场竞争的加剧和技术的不断进步，企业需要不断进行创新以适应市场变化。而财务管理作为企业创新的重要支撑，通过提供资金支持、评估创新项目风险收益等方式，推动企业实现创新发展和转型升级。

4. 提升企业治理水平

通过对企业内部财务制度的完善和规范，财务管理能够提升企业的透明度和诚信度，进而增强企业的社会声誉和品牌价值。同时，财务管理还能够帮助企业建立有效的内部控制机制，防范和减少企业内部的违法违规行为，维护企业的稳定和发展。

综上所述，财务管理的战略意义不仅体现在企业资金的筹集、运用、分配与风险上，更在于其对企业战略目标实现、创新发展，以及治理水平提升等方面的推动和支持。通过财务管理，企业能够建立起一套高效、可持续的经营管理模式，为未来的成长打下坚实的基础。

第二节　目标是星辰大海，原则是黄金法则

××企业目标原则管理意义的案例分析

1. 背景介绍

××企业是一家中小型企业，主要业务为研发和销售高新技术产

品。在快速变化的市场环境中,该企业面临着激烈的竞争和不断变化的客户需求。为了保持自身的竞争力和实现可持续发展,领导想要从明确财务管理的目标和原则入手。

2. 实施过程

该企业制定如下财务管理目标:

(1)利润最大化:通过优化成本结构、提高销售收入和平衡经营风险,实现企业的利润最大化。

(2)股东财富最大化:通过合理的投资决策和资本结构调整,提高股东的投资回报率,增加股东财富。

(3)企业价值最大化:通过提升企业的核心竞争力、品牌价值和市场份额,实现企业的长期价值最大化。

该企业应遵循以下财务管理原则来实现上述目标:

(1)货币时间价值原则:评估不同项目的投资回报率(ROI)和回收期,抉择出能够最大化利用资金的时间价值的项目。

(2)流动性与安全性原则:设置合理的现金储备与应急基金,保证在财务困境面前维持正常运营。

(3)实际与需要相结合原则:在设定财务目标时,综合考虑市场环境的变化、竞争对手的动向、自身的资源能力等,使得财务目标具备挑战性的同时也能够得以实现。

(4)系统管理原则:建立包括预算管理、成本控制、财务分析等多个环节在内的健全的财务管理体系,确保财务信息的准确性与及时性。

(5)现金收支平衡原则:制定严格的现金管理制度,对现金流入和流出实时的展开监控与预测,以便于满足任何时刻的资金需求。

(6)成本效益原则:采用优化生产流程、提高生产效率、采用节能技术等手段来降低成本,并计算项目的净现值(NPV)、内部收益率(IRR)

等指标,用来评估项目的成本效益。

(7)风险收益均衡原则:全面考虑投资项目的风险与收益,一方面选择风险可控、收益较高的项目进行投资,另一方面进行多元化投资,旨在降低整体投资风险水平。

3. 财务管理意义的体现

该企业在明确了财务管理目标和原则后,在遵守原则的基础上采取了一系列措施来落实这些目标。例如,通过优化采购渠道和生产流程,降低生产成本;加强市场调研和产品开发,提高销售收入;建立风险管理体系,对潜在风险进行预警和应对;加强与投资者的沟通和合作,提高股东满意度等。

经过一段时间的实践,该企业在财务管理方面取得了显著成效,利润水平稳步提升,股东回报率显著提高,市场份额和品牌价值也得到了有效增长。同时,企业的经营风险得到了有效平衡,实现了稳健发展。由此可见,企业财务管理的目标和原则必要且重要。

就现代商业社会的大环境而言,财务管理关乎企业的经济效益和长期发展,一个不懂得财务管理的企业,无疑会面临诸多挑战。如果企业缺乏财务管理能力,就无法准确评估各种方案的风险和收益,进而可能导致盲目投资、资源浪费甚至经营失败。在财务管理实践中,明确财务管理的目标和原则对于企业的稳健发展具有重要意义。

一、财务管理的重点目标

财务管理致力于确保企业资源的合理分配,以满足企业运营和发展的需求,并通过合理创造收益与平衡风险,提升企业整体的经济绩效。财务管理的重点目标一般包括利润最大化、股东财富最大化和企业价值最大化,如图1-4所示。这些目标已成为企业取得竞争优势、实现可持续发展的关键因素之一。

```
财务管理的三项重点目标 ─┬─ 利润最大化
                      ├─ 股东财富最大化
                      └─ 企业价值最大化
```

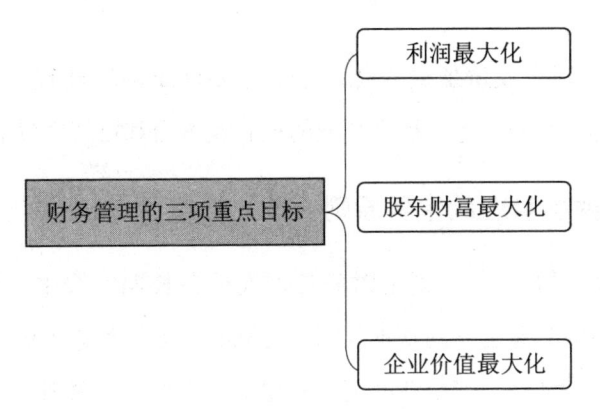

图1-4　财务管理的重点目标

1. 利润最大化是财务管理的直接目标之一

从产品或服务市场也就是产业的角度，提升企业价值，追求利润最大化，意味着要通过合理的资源配置和成本控制，提高企业的盈利能力。这包括优化产品结构、降低生产成本、拓展市场份额等一系列措施。然而，利润最大化并非唯一目标，因为它可能忽视企业的长期发展和社会责任。

2. 股东财富最大化则强调财务管理应致力于提升股东的财富

这一目标要求企业在追求利润的同时，关注股票价格、股息收入等因素，以实现股东的利益最大化。为了实现这一目标，企业需要关注资本结构、投资决策及风险管理等方面。

3. 企业价值最大化是财务管理的终极目标

这一目标要求企业在追求利润和股东财富的同时，关注企业整体的内在价值与市场价值，包括有形资产和无形资产的价值。通过资本运营，改善资本结构，从产融结合的角度提升企业内在价值，市场价值是通过价格体现出来的，影响市场价格往往通过投资者关系和媒体等综合手段，将企业的内在价值清晰地传递给资本市场，在资本市场高估或低估企业内在价值时，综合运用并购、融资等手段使市场价格合理反映企业的内在价值。

为了实现企业价值最大化，企业需要注重品牌建设、技术创新、人才培养等方面的投入，提高企业的核心竞争力和可持续发展能力。

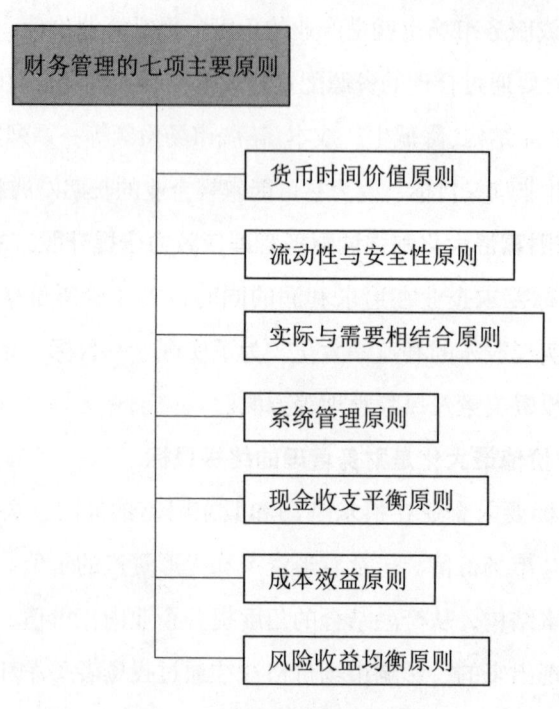

二、财务管理的主要原则

财务管理的主要原则是财务管理人员在长期实践中总结出来的，用以指导财务管理工作的基本准则。常见的财务管理原则包括货币时间价值原则、流动性与安全性原则、实际与需要相结合原则、系统管理原则、现金收支平衡原则、成本效益原则和风险收益均衡原则等（图1-5）。这些原则在财务决策、财务控制、财务分析等方面都有重要的应用。

财务管理的七项主要原则
- 货币时间价值原则
- 流动性与安全性原则
- 实际与需要相结合原则
- 系统管理原则
- 现金收支平衡原则
- 成本效益原则
- 风险收益均衡原则

图1-5　财务管理的主要原则

1. 货币时间价值原则

强调货币在不同的时间点具有不同的价值。通过了解和运用这一原则,企业可以更好地把握投资机会,实现财务目标,提升财务管理水平。

例如,假设某企业面临两个投资项目,项目A和项目B。项目A的预期年收益率为10%,项目B的预期年收益率为8%。从收益率的角度来看,项目A似乎更具吸引力。然而,当我们考虑到货币时间价值时,情况可能有所不同。如果项目A的投资周期较长,风险增加,而项目B的投资周期较短,相较于A,风险降低,那么项目B可能在风险同等的情况下,相对实现较高的收益,从而更具吸引力。

2. 流动性与安全性原则

流动性与安全性原则指企业在财务管理过程中,应确保资金的充足性和及时性,以满足日常经营、偿还债务及应对突发状况的需求。良好的流动性是企业稳健运营的基石,它能够帮助企业在关键时刻迅速调拨资金,避免因资金短缺而影响正常运营,控制财务风险。

3. 实际与需要相结合原则

"实际",指的是企业当前的财务状况、经营环境及资源条件等客观存在的实际情况。"需要",则是指企业在发展过程中所面临的种种挑战和机遇,以及为实现战略目标所需达到的经营状态和财务目标。该原则要求企业在制定财务战略、规划财务活动,以及进行财务分析时,既要充分考虑企业的实际情况,又要紧密结合企业的实际需求。

4. 系统管理原则

强调财务管理应注重整体性和协调性。企业需要将财务管理与企业的整体战略、组织结构,以及运营流程相结合,实现财务资源的合理配置和高效利用。

5. 现金收支平衡原则

要求企业在财务管理中保持现金流入与流出的平衡。这意味着企业应根据经营活动的需要，及时合理安排资金的筹集和运用，确保企业的正常运营和发展。

6. 成本效益原则

要求企业在财务管理的价值创造过程中，权衡成本与收益的关系。企业需要在进行投资决策时，充分考虑投入产出比、成本控制等方面，以实现经济效益的最大化为前提。

7. 风险收益均衡原则

强调在追求收益的同时，要关注风险的平衡。企业需要建立完善的风险管理体系，在企业决策和执行过程中，将风险识别、评估、应对、监控等风险管理活动贯穿于融资、经营、投资、内部控制等决策中，以降低风险，保证企业资产的安全和效率，保证组织战略目标的实现，最终实现企业价值的增值。

第三节 财务管理的"烹饪"流程

财务管理作为组织内的一系列活动，如同精湛的烹饪技艺，它要求一套精细且完善的流程框架。这一流程不仅能够有效保障企业资金的安全，更能显著提升资金运用的效率，从而为企业带来更为丰富的价值回报。在竞争激烈的市场环境中，若想稳固立足，企业必须深刻掌握财务管理的精髓与流程,确保企业稳健前行。

财务管理流程是指企业在日常经营活动中,为了有效管理财务资源、提升经济效益,创造企业价值而采取的一系列有序的、规范的、系统化的操作过程。

财务管理的流程主要包括财务规划、预算管理、成本控制、财务报告、财务分析、财务风险管理、财务决策、财务监督、绩效管理、投融资管理和财务管理系统信息化建设等环节,如图1-6所示。

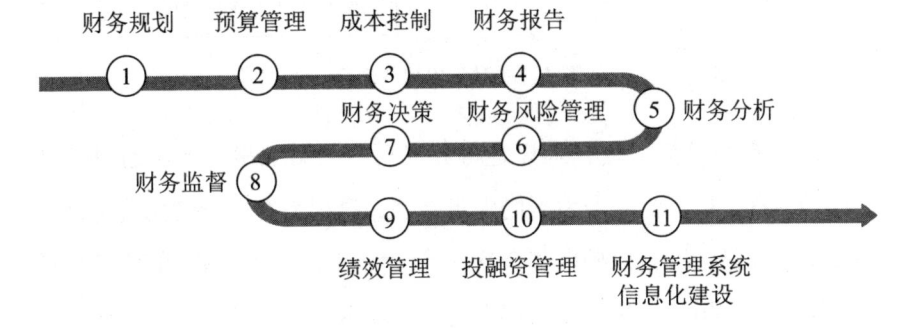

图1-6 财务管理的基本流程

一、财务规划

财务规划作为财务管理中的一项重要工作,旨在通过对企业未来经济活动的预测和安排,实现价值的最大化和风险的最小化。它是指根据企业的战略目标,对其未来的经济活动和财务资源进行合理配置的过程,旨在确保企业在经济活动中能够保持稳定的财务状况,并实现价值增值。

1. 财务规划的内容

财务规划,作为一项系统性工程,具体包括资金筹集、资金运用、资金归属与分配三个关键环节,如图1-7所示。这一系列的规划不仅关乎资金流动性与运用的高效性，更是企业稳健发展的基石。

```
                          ┌─ 资金筹集
财务规划的三个关键环节 ────┼─ 资金运用
                          └─ 资金归属与分配
```

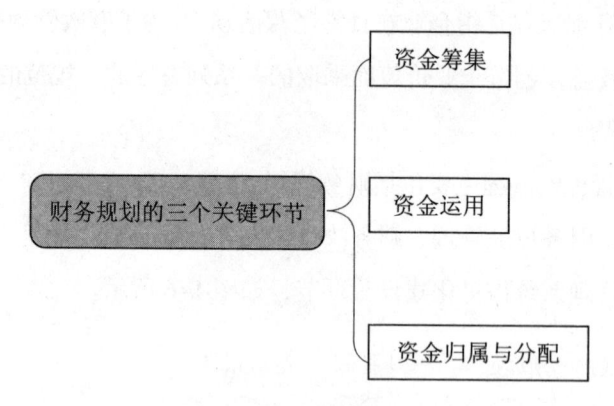

图 1-7　财务规划的内容

（1）资金筹集。资金筹集是财务规划中的第一步，涉及通过多种途径筹集资金以满足企业发展的需求。这一过程需要充分考虑资金来源的多样性和稳定性，以确保资金流的持续性和安全性。资金筹集的渠道多种多样，如银行借贷、发行债券与股权融资，还有新型的供应链金融模式，凭借自己的规模和信用，可以占用上下游企业（客户、供应商）的资金，为上下游企业的银行贷款提供信用背书。每种方式都有其独特的优缺点和适用场景。因此，在资金筹集过程中，需要综合考虑企业的实际情况、市场环境及资金成本等因素，选择最适合的筹资方式。

（2）资金运用。资金运用是财务规划中的核心环节，其决策需要根据企业的战略目标，合理有效配置资源。在这个过程中，需要考虑投资的风险与收益、流动性与安全性等因素，以确保资金运用的合理性和高效性。此外，资金运用还需要关注长期与短期目标的平衡，既要满足当前的资金需求，又要为未来的发展储备足够的资源。

在资金运用方面，可以通过投资多元化来降低风险。例如，可以将资金投资于不同的行业、地域和产品，以分散风险并提高收益。此外，还可以考虑采用一些创新的资金运用方式,如绿色金融投资、共享经济等,以更好地满足社会和环境的可持续发展需求。

(3)资金归属与分配。资金归属与分配是财务规划的最终环节,主要涉及对剩余资金的分配和利用。在资金分配过程中,需要充分考虑企业的实际情况和战略目标,将资金用于提高运营效率、扩大市场份额、增强研发实力等方面。同时,还需要关注资金分配的公平性和可持续性,确保各利益相关方的利益得到合理保障。

在资金分配方面,应注重平衡与可持续性。除了考虑企业内部的资金需求外,还应关注社会责任和环境保护等方面的投入。通过合理分配资金,可以实现社会效益和经济效益的双赢。

2. 财务规划的重要性

首先,财务规划有助于企业更好地管理财务资源,提高资金使用效率。通过制订合理的预算和投资计划,可以确保资金得到充分的利用,从而减少浪费和损失。

其次,财务规划有助于降低风险。通过对未来经济环境和市场走势的预测和分析,企业可以提前识别并应对潜在的风险,从而避免或减少损失。

最后,财务规划有助于实现战略目标。通过制订明确的财务目标和实施计划,可以更加有针对性地开展工作,确保目标得以实现。

3. 财务规划的过程

在实施财务规划的过程中,需要遵循一定的步骤。首先,进行财务需求分析。我们需要了解企业动态的财务状况、收入状况、支出状况等,以确定其未来的财务需求和目标。

其次,制定财务规划方案。根据企业资金需求分析的结果,我们可以设计合适的预算、投资、筹资等方案,以满足企业的财务需求。

最后，执行和调整财务规划。在实际执行过程中，我们需要根据市场变化和企业的实际情况，不断调整和优化财务规划方案，确保其能够持续发挥作用。

在财务规划的过程中，我们还可以采取一些具体的策略来提高规划的效果。例如，可以借助专业的财务工具和软件，如财务软件、财务模型等，来进行财务分析和预测。这些工具可以帮助我们更加准确地把握市场趋势和企业的财务状况，从而制定出更加合理的财务规划方案。此外，我们还可以参考其他企业的成功经验，学习他们的财务规划理念和方法，以不断优化自己的财务规划工作。

二、预算管理

在企业的运营过程中，财务管理持续不断地发挥着不可或缺的重要作用，其中预算管理作为财务管理的核心内容，其重要性不言而喻。预算管理，顾名思义，通过对企业进行预算执行、控制和评价的一系列活动，旨在实现资源的合理分配、降低成本和提高经济效益。

1. 预算的编制过程

预算的编制是一项复杂而细致的工作，它需要根据企业的战略目标、市场环境、历史数据及未来发展计划等多种因素进行综合考虑。在这个过程中，财务团队需要与其他部门密切合作，共同制定各项预算指标。例如，销售部门需要提供预计的销售收入和成本数据，生产部门则需要提供预计的生产量和生产成本等。通过整合各部门的数据和信息，财务团队可以编制出一份全面、准确的预算方案。

2. 预算的执行和控制阶段

预算编制完成后，执行与控制阶段便成为预算管理的重要环节。在执行阶段，企业需要将预算指标分解到各个部门，并明确每个部门的职责和任务。同时，企业还需要建立一套完善的预算控制系统，对预算执行情况进行实时监控和反馈。这样一来，当预算执行情况出现偏差时，企业可以迅速发现问题并采取相应的调整措施。

3. 预算的评价环节

通过对预算执行情况进行定期评估，企业可以了解预算执行的成效和存在的问题，进而对预算管理进行优化和完善。在评价过程中，企业可以采用多种方法和技术手段，如预算与实际对比、差异分析等，以全面、客观地评估预算管理的效果。

值得注意的是，预算管理并不是一成不变的。随着市场环境的变化和企业自身的发展，预算管理需要不断地进行调整和优化。因此，企业需要建立一套灵活、可调整的预算管理体系，以适应不断变化的市场环境和业务需求。通过科学、合理地编制、执行、控制和评价预算，企业可以实现资源的合理配置、降低成本和提高经济效益，为企业的健康发展奠定坚实的基础。

三、成本控制

成本控制的有效实施不仅直接关系到企业的盈利能力和市场竞争力，更对企业长远发展产生深远影响。因此，深入探讨财务管理的成本控制问题，对于提高企业经济效益和竞争力具有重要意义。

1. 成本控制的重要作用

成本控制是现代企业管理中不可或缺的重要环节，它关乎着企业的生存与发展。其重要作用如图1-8所示。在生产经营过程中，企业对各项费用、开支进行科学合理的预算、核算、分析和控制，旨在实现降低成本、提高经济效益的目标。有效的成本控制不仅有助于企业更好地掌握资源消耗情况，还能及时发现并解决生产经营中的问题，确保企业经济活动的正常进行。

```
                    ┌─── 有助于企业精准掌握资源消耗情况
成本控制的重要作用 ──┼─── 及时发现和解决生产经营中的问题
                    └─── 有助于确保企业经济活动的正常进行
```

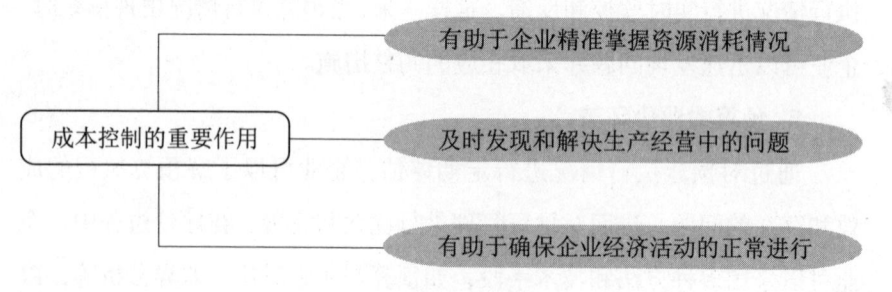

图 1-8　成本控制的作用

（1）成本控制有助于企业精确掌握资源消耗情况。在生产经营活动中，各项费用开支的多少直接关系到企业的成本水平。通过成本控制，企业可以深入了解各项费用开支的构成、规模及变动趋势，进而准确评估资源消耗的合理性。这有助于企业避免浪费，实现资源的优化配置。

（2）成本控制能够及时发现和解决生产经营中的问题。在生产经营过程中，企业难免会遇到各种问题，如生产效率低下、材料浪费、人力成本过高等。通过成本控制，企业可以及时发现这些问题，并采取相应的措施进行改进。这不仅有助于降低企业成本，还能提高生产效率，增强企业的竞争力。

（3）成本控制还有助于确保企业经济活动的正常进行。企业的经济活动涉及众多方面，如采购、生产、销售等。在这些环节中，任何环节的失控都可能导致企业成本上升、经济效益下降。因此，通过实施成本控制，企业可以确保各个环节的顺利进行，为企业的持续发展奠定基础。

2. 成本控制的工作落实

在实施成本控制的过程中，企业需要综合运用各种策略和方法，从多个层面着手，以全面、有效地控制成本，提升企业的竞争力。企业在实施成本控制过程中可以从以下六个方面入手：

（1）制定科学合理的成本预算。企业应根据历史数据、市场情况和生产经营计划，对各项费用进行合理预测和安排，制定出符合企业实际的成本预算。预算制定过程中，要充分考虑各项因素的变化，确保预算的准确性和可操作性。

（2）加强成本核算与分析。企业应建立完善的成本核算体系，对各项费用进行准确核算，并定期对成本数据进行分析，找出成本变动的原因和规律。通过成本核算与分析，企业可以及时发现生产经营中的薄弱环节，为成本控制提供有力支持。

（3）优化成本管理流程。企业应建立规范的成本管理流程，明确各部门的职责和权限，确保成本控制工作的顺利进行。同时，企业还应加强内部控制，防止成本浪费和损失，提高成本管理的效率和效果。

（4）引入先进的成本控制方法和技术。随着科技的不断发展，越来越多的先进成本控制方法和技术应运而生。企业应积极引进和应用这些方法和技术，如作业成本法、标准成本法等，以提高成本控制的精准度和有效性。

（5）注重成本控制与战略目标的结合。成本控制并非孤立的环节，而是企业战略管理的重要组成部分。企业在制定成本控制策略时，应充分考虑企业战略目标和发展方向，确保成本控制与战略目标的协同一致。

（6）加强成本控制的文化建设。通过宣传和培训，使全体员工充分认识到成本控制的重要性，树立成本意识，形成全员参与成本控制的良好氛围。同时，企业还应建立激励机制，对在成本控制方面表现突出的员工给予表彰和奖励，激发员工参与成本控制的积极性和创造性。

四、财务报告

财务报告作为企业整体运营的定量反映，是财务管理的核心组成部分。财务报告是企业根据会计准则和会计制度，通过财务报表和其他相关资料对企业财务状况、经营成果和现金流量进行定期披露的一种信息报告。其目的是满足内外部信息使用者的需要，帮助他们了解企业的经营状况，评估企业的偿债能力、盈利能力和持续发展能力，从而做出合理的经营决策。

1. 财务报告在财务管理中的作用

首先，财务报告能够全面反映企业的财务状况，包括资产、负债、所有者权益等方面的信息。这些信息有助于管理者了解企业的经济实力和财务状况，为制定经营策略提供重要依据。

其次，财务报告能够揭示企业的经营成果，通过利润表等报表展示企业的收入、成本和利润情况。这有助于投资者和其他利益相关者评估企业的盈利能力和成长潜力。

最后，财务报告还能反映企业的现金流量状况，为预测企业未来的资金需求和支付能力提供重要信息。

2. 财务报告的问题及举措

现如今，部分企业在编制财务报告时可能存在信息失真、粉饰业绩的现象，这不仅损害了报告的真实性和可靠性，也影响了内外部信息使用者的判断。此外，随着经济的发展和市场的变化，现行的财务报告体系也面临着诸多挑战，如报表格式和内容未能充分反映企业的非财务信息、环境信息等。

案例一：信息失真与粉饰业绩

◆问题详情

A公司是一家上市公司，近年来为了迎合市场期望和维持股价稳定，在编制财务报告时存在信息失真和粉饰业绩的行为。

A公司在财务报告中将部分成本转移到了未来几个会计期间，使得当期利润虚高。同时，还通过不合理的会计估计和会计政策变更来调节利润，导致财务报告的真实性和可靠性受到了严重质疑。

A公司的财务报告存在信息失真和粉饰业绩的情况，使投资者和其他信息使用者对A公司的财务状况和经营成果产生了误解。这不仅损害了投资者的利益，也影响了A公司的声誉和长期发展。

◆改进建议

为了防止类似问题的发生，A公司应加强内部控制，建立健全的财务报告编制和审核制度，确保财务报告的真实性和可靠性。同时，外部审计机构也应加大对A公司的审计力度，发现并及时纠正财务报告中的违规行为。

案例二：财务报告体系挑战

◆问题详情

B企业是一家大型制造业企业，随着市场竞争的加剧和环保要求的提高，面临着越来越多的非财务信息和环境信息披露要求。

B公司现行的财务报告体系主要侧重于财务信息的披露，对于非财务信息和环境信息的披露相对不足。这使得投资者和其他信息使用者难以全面了解B公司的经营情况和可持续发展能力。

由于财务报告体系未能充分反映B公司的非财务信息和环境信息，导致投资者和其他利益相关者对B公司的价值和前景评估可能存在偏差。同时，这也可能影响B公司在市场上的竞争力和可持续发展能力。

◆改进建议

为了应对这一挑战，B公司应调整财务报告体系，增加对非财务信息和环境信息的披露。可以通过编制社会责任报告、环境报告等方式，向投资者和其他信息使用者展示B公司在可持续发展和社会责任方面的努力和成果。此外，还可以加强与投资者和其他利益相关者的沟通，解答他们的疑虑和关注，提升企业的透明度和形象。

类似于上述两个案例中的财务报告方面的问题还在频繁发生，针对这些问题，企业必须拿出针对性的措施，这样才可以保证财务管理工作的顺利进行与圆满完成，以下是几个可行措施：

（1）加大财务报告的监管和审计力度，确保企业能够真实、准确地披露财务信息。政府部门应加强对财务报告的监管，完善会计准则和制度，防止企业利用制度漏洞进行财务造假。同时，审计机构也应加大审计力度，对企业的财务报告进行全面、细致的审查，确保其真实可靠。

（2）完善财务报告的内容和格式，以满足内外部信息使用者的多样化需求。企业应充分考虑内外部信息使用者的需求，优化财务报告的结构和内容，使其更加直观、易懂。同时，还可以探索增加非财务信息、环境信息等内容的披露，以全面反映企业的社会责任和可持续发展情况。

（3）加强财务报告的信息化建设，提高报告的编制和披露效率。随着信息技术的发展，财务报告的编制和披露方式也在不断创新。企业可以利用信息化手段，实现财务报告的自动化编制和实时披露，提高工作效率和信息的时效性。

五、财务分析

财务分析是运用一系列财务分析方法和技术，对企业的财务报表、财务指标及其他相关数据信息进行深入剖析，以揭示企业的财务状况、经营成果和现金流量状况。

对财务报表的综合分析具体包括战略分析、会计分析和财务分析。

战略分析是财务报表综合分析的起点，它侧重于对企业外部环境、行业趋势和竞争格局的研究。通过深入了解宏观经济环境、政策法规、市场需求和行业竞争态势等因素，企业可以判断行业发展的前景和趋势，评估自身在行业中的地位和竞争优势，从而制定出符合市场需求的战略方向。

会计分析是财务分析的重要基础，其结论为后续财务分析的可靠性提供了保证，这些会计分析方法包括但不限于水平分析法、垂直分析法、趋势分析法。

财务分析就是对会计信息的分析，它能够评价企业未来盈利能力的可持续性，这是财务分析的最终目的。财务分析立足于对一系列财务指标的深入理解，并在此基础上进行综合评价。

1. 财务分析在财务管理中的作用

首先，财务分析有助于评估企业的整体财务状况，帮助管理者了解企业的优势和劣势，从而制定合适的经营策略。

其次，财务分析能够为企业的投资决策提供依据。通过对比不同投资项目的财务指标，管理者可以更加明智地选择具有潜力的投资项目。

最后，财务分析还有助于预测企业的未来发展趋势，为企业的战略规划提供数据支持。

2. 财务分析的常用方法与技术

在财务分析过程中，我们通常会采用以下几种常用方法与技术。

（1）比率分析：通过对财务报表中的各项数据进行计算，得出各种比率指标，如资产负债率、毛利率等，以反映企业的财务状况和经营成果。

（2）趋势分析：通过对连续多个会计期间的财务数据进行对比，分析各项指标的变化趋势，从而揭示企业经济活动的内在规律和发展趋势。

（3）对比分析：将企业的财务数据与同行业其他企业或行业标准进行对比，以评估企业在行业中的竞争地位和优劣程度。

3. 财务分析的实际应用

假若有一家上市企业，我们可以分别从经营、管理、财务、业绩四个维度深入剖析和评价目标公司，洞见企业潜在的风险与收益，为利益相关者提供客观中立的分析结论和决策依据。

经营层面分析包括销售收入的构成及其增长、销售收入的质量、产品的市场定位、企业经营的理念；管理层面的分析包括资产及其配置的优化、资产利用效率、人均产值；财务分析层面包括财务风险分析、资本成本分析；业绩层面分析包括净利润构成分析、现金支持分析、股东回报分析。

六、财务风险管理

财务风险管理是指企业识别、评估、监控和应对财务风险的过程。在市场经济条件下，企业面临着诸多不确定性因素，如市场需求波动、利率变动、汇率波动等，这些因素都可能对企业的财务状况和经营成果产生重大影响。因此，进行财务风险管理有助于企业提前预警潜在风险，制定合理的风险应对策略，降低风险损失，从而保障企业的稳健运营。

1. 常见的财务风险类型

财务风险类型繁多，它们对企业的经营和发展具有重要影响。为了更好地理解和应对这些风险，企业需要深入了解并分析各种常见的财务风险类型，如图1-9所示。

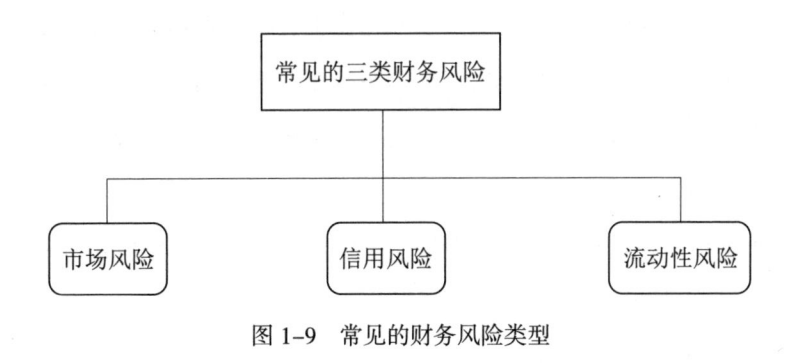

```
         ┌──────────────────┐
         │  常见的三类财务风险  │
         └──────────────────┘
          ┌──────┼──────┐
     ┌────────┐ ┌────────┐ ┌────────┐
     │ 市场风险 │ │ 信用风险 │ │流动性风险│
     └────────┘ └────────┘ └────────┘
```

图1-9 常见的财务风险类型

（1）市场风险：市场风险是指因市场价格变动导致企业投资损失的风险。这包括股票价格风险、利率风险、汇率风险等。企业在进行投资决策时，需充分考虑市场风险，制定科学的投资策略。

（2）信用风险：信用风险是指因债务人违约或信用状况恶化导致债权人损失的风险。企业在进行贷款、担保等信用业务时，需对债务人进行严格的信用评估，以降低信用风险。

（3）流动性风险：流动性风险是指企业无法按时足额地满足其短期债务支付义务和经营活动现金需求的风险。企业需保持合理的资金结构和现金储备，以应对可能出现的流动性风险。

2. 财务风险管理策略

针对不同类型的财务风险，企业需要采取相应的管理策略，以确保其财务稳健和持续发展。每种风险都需根据具体情况制定不同的应对策略。

（1）风险规避：企业可通过放弃某些高风险业务或投资来规避风险。例如，对于市场风险较高的股票投资，企业可选择降低股票投资比例，或者选择投资其他低风险资产。

（2）风险分散：企业可通过多元化投资、经营和筹资等方式来分散风险。例如，企业可将资金投资于不同行业、不同地域的多个项目，以降低单一项目失败对企业整体财务状况的影响。

（3）风险转移：企业可通过购买保险、签订合同等方式将风险转移给其他实体。例如，企业可为关键业务购买商业保险，以应对可能出现的损失。

（4）风险控制和监控：企业应建立完善的风险管理体系，包括风险评估、监控和报告等机制。通过定期评估企业的财务风险状况，及时发现潜在风险，制定应对措施，降低风险损失。

七、财务决策

财务决策的正确与否直接关系到企业的经济效益和市场竞争力。财务决策，指的是企业在资金筹措、投资运用、利润分配等财务活动中所作出的判断和选择。这些决策不仅影响着企业的资金状况，还直接关系到企业的生存与发展。因此，科学、合理的财务决策对于企业的长期稳定发展具有重要意义。

1. 财务决策的类型

财务决策的类型多种多样，其中主要包括筹资决策、投资决策和利润分配决策。筹资决策关注的是企业如何筹集所需资金，包括债务筹资和权益筹资两种方式。在作出筹资决策时，企业需要权衡筹资成本、筹资风险及资金结构等因素。投资决策则涉及企业将资金投入到何种项目或资产中，以实现长期收益最大化。在投资决策中，企业需要评估投资项目的风险与收益，并选择最合适的投资方式。利润分配决策则是关于企业如何分配其净利润的决策，包括留存收益和向股东分配利润两个方面。利润分配决策需要平衡企业未来的资金需求与股东的利益诉求。

2. 财务决策需要遵循的原则

在进行财务决策时，企业还需要遵循一定的原则。首先，企业需要树立全局观念，将财务决策与企业的整体战略和发展目标相协调。其次，企业需要遵循成本效益原则，确保财务决策的收益大于成本。再次，企业还应关注风险控制，通过多元化投资、完善内部控制等方式降低财务风险。最后，企业需要关注创新和可持续发展，通过优化财务决策流程、引入先进财务管理技术等手段提高企业的竞争力。

3. 完善财务决策的措施

为了提高财务决策的质量和效率，企业可以采取一些具体措施。首先，加强财务团队建设，提升财务人员的专业素养和决策能力。其次，建立完善的信息系统，以便及时收集、整理和分析财务数据，为决策提供有力支持。同时，企业还可以借助外部专家或咨询机构的力量，进行财务决策咨询和风险评估。

八、财务监督

财务监督在保障企业财务健康、规范运营方面起着至关重要的作用。它是指通过一定的手段和方法，对企业的经济活动、财务状况和财务成果进行监察、评价和制约，以确保企业财务活动的合法性、合规性和效益性。简单来说，财务监督是对企业的财务管理活动进行全程的跟踪与审查，以发现问题、预防风险，保障企业的利益不受损害。

1. 财务监督对财务管理的重要性

财务监督是财务管理中不可或缺的一环，企业必须充分认识到财务监督的重要性，加强内部财务监督机制建设，提升财务管理水平，以实现可持续发展。一方面，它有助于确保企业遵循国家法律法规和行业规范，避免因违规操作而引发的法律风险。另一方面，它能够及时发现并纠正企业在财务管理中存在的问题和不足，防范财务舞弊、贪污腐败等违法违规行为的发生。除此之外，财务监督还有助于提高企业财务信息的透明度，增强企业的公信力和市场竞争力。

2. 财务监督工作的实施

要实现有效的财务监督并非易事，这需要企业建立健全的财务监督制度，明确监督职责和权限，确保监督工作的独立性和权威性。同时，还需要加强财务人员的培训和教育，提高他们的专业素养和职业道德水平，使其能够胜任财务监督工作的需要。

在财务监督的具体实施过程中，企业可以采用多种方法和手段。例如，定期进行财务审计，对企业的财务报表、账簿、凭证等财务资料进行全面检查；设立内部审计机构，对企业的经济活动进行日常监督和专项审计；加强外部审计与监督，接受政府、行业协会等机构的审查和评估。

九、绩效管理

绩效管理在组织管理中起着非常重要的作用，它直接关系到企业的运营效率、员工激励和整体业绩。绩效管理是一个系统性的过程，旨在提高员工和组织绩效。它强调通过明确的目标设定和激励机制，激发员工的积极性和创造力，以实现组织战略目标和整体绩效的提升。其重要性体现在以下几个方面，如图 1-10 所示：

```
                        ┌── 目标导向
                        │
                        ├── 激励机制
                        │
绩效管理的重要性体现 ───┼── 反馈和改进
                        │
                        ├── 决策支持
                        │
                        └── 人才管理
```

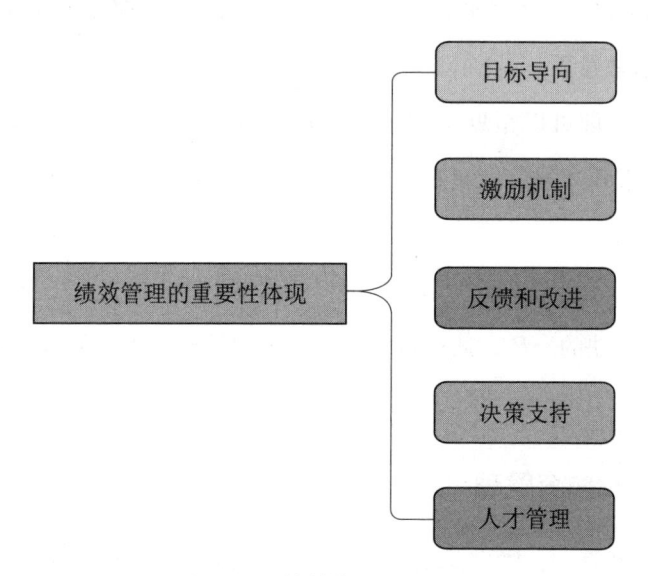

图 1-10　绩效管理的重要性

1. 目标导向

绩效管理通过设定明确的目标和指标，帮助组织明确工作重点和方向，促使员工集中精力、资源和时间去实现这些目标，从而提高工作效率和执行力。

2. 激励机制

绩效管理可以通过绩效考核和奖惩机制，激励员工积极工作，提高工作质量和效率，促进员工个人发展和组织整体发展。

3. 反馈和改进

绩效管理通过定期的绩效评估和反馈机制，帮助员工了解自己的工作表现，发现问题和改进空间，促使个人和团队的持续学习和进步。

4. 决策支持

绩效管理通过收集、分析、汇总绩效数据，为组织管理层提供客观的数据支持和决策依据，帮助管理层制定有效的战略规划和管理决策。

5. 人才管理

绩效管理可以帮助组织识别和培养优秀人才，激励高绩效员工，同时及时发现和解决低绩效员工的问题，保持组织人才队伍的稳定和高效运转。

总之，绩效管理对于组织的发展和持续改进具有重要意义，是组织中不可或缺的一环，通过科学有效的绩效管理，可以促进组织整体绩效的提升，实现组织目标的持续实现和发展。

十、投融资管理

投融资管理，顾名思义，是指企业或组织在投资和融资活动中进行的一系列管理与决策过程。这一领域涉及广泛，包括但不限于投资项目的筛选、评估、决策、执行，以及融资方式的选择、资金筹措、成本控制等多个方面。投融资管理在企业和项目运作中，如同一个至关重要的舵手，引领着企业不断前行，助力项目顺利实施。其重要性体现在以下几个方面（图 1-11）：

1. 资金支持与项目实施

投融资管理是项目实施的基础，通过有效管理资金流动，合理分配资金、确保资金利用的高效性和透明度,确保项目顺利进行,并进行风险防范与控制,包括市场风险、信用风险、流动性风险等,从而降低企业面临的风险,保障资金安全。

```
                              ┌─────────────────┐
                          ┌──│ 资金支持与项目实施 │
                          │   └─────────────────┘
                          │   ┌─────────────────┐
┌──────────────────┐      ├──│   战略决策支持    │
│ 投融资管理重要性体现 │──┤   └─────────────────┘
└──────────────────┘      │   ┌─────────────────┐
                          ├──│   创新与发展推动  │
                          │   └─────────────────┘
                          │   ┌─────────────────┐
                          └──│   人才吸引与留存  │
                              └─────────────────┘
```

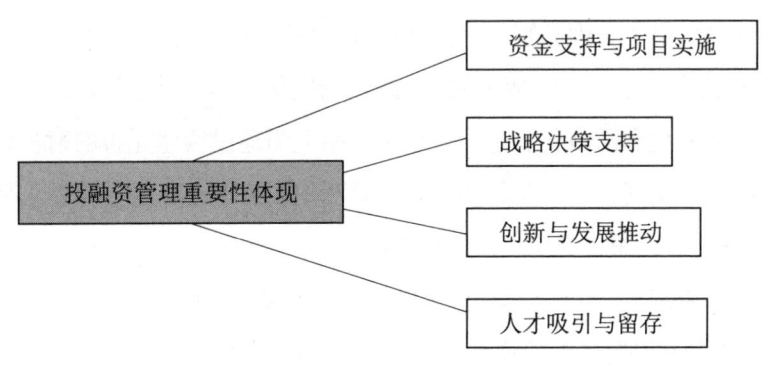

图 1-11　投融资管理的重要性

2. 战略决策支持

投融资管理为企业提供决策支持,帮助企业制定合理的战略规划,包括资本结构优化、融资渠道选择等,增强企业在市场中的地位和声誉,以实现长期发展目标。

3. 创新与发展推动

通过融资支持和资金运作,推动企业实现技术升级、产品创新和市场扩张。

4. 人才吸引与留存

有效的投融资管理可以提升企业的吸引力,吸引优秀人才加入企业,同时通过合理的薪酬福利和激励机制留住人才。

综上所述,投融资管理对于企业的稳健发展和长期成功至关重要,通过科学有效的投融资管理,企业可以实现资金的最大化利用,提升竞争力,推动创新发展,实现可持续增长。

十一、财务管理系统信息化建设

财务管理系统信息化建设是企业在数字化时代的重要举措,不仅有助于提高企业财务管理效率,降低运营成本,还能助力企业作出更明智的决策。财务管理数智化是指利用现代信息技术,如云计算、大数据、人工智能等,对财务管理流程进行改造和优化,实现财务管理活动的数字化、智能化和网络化。这一过程中,企业需通过构建完善的财务管理信息系统,实现数据资源的共享和高效利用,从而提高财务管理水平。

1. 财务管理数智化建设的重要性

财务管理数智化建设对企业的财务管理有着明显的促进作用。一方面,数智化可以提高财务管理效率。传统的手工记账、核算方式烦琐且易出错,而数智化建设则能够实现自动化、智能化的数据处理,大大节省时间和人力成本。另一方面,信息化有助于降低企业运营成本。通过数据分析和预测,企业可以更加精准地控制成本,提高资金利用效率。不仅如此,财务管理数智化还能增强企业的风险防控能力,确保财务管理信息化与企业战略目标保持一致,为企业持续稳健地发展提供有力保障。

2. 实施财务管理数智化建设的可行策略

首先,树立正确的数智化建设理念。企业应将数智化建设作为提升企业核心竞争力的重要手段,从战略高度认识和推进财务管理信息化建设。

其次,加强基础设施建设。企业应加大投入,构建稳定、高效的财务管理信息系统,确保数据安全可靠。

再次,优化与创新业务流程。企业应梳理现有财务管理流程,找出存在的问题和不足,通过信息化建设进行改进和优化。

最后,强化人才培养和引进。企业应加强对财务管理人员的培训和教育,提高其信息素养和专业技能,同时积极引进具有信息化背景的优秀人才,为财务管理信息化建设提供有力支持。

第二章 财务报表的"藏宝图"

第一节 财务报表中的"宝藏"与"陷阱"

在金融市场风起云涌的今天,财务报表无疑是投资者、分析师及各类利益相关者评估一家公司实力与潜力的关键工具。然而,财务报表绝非简单的数字堆砌,而是蕴含着无数的"宝藏"与"陷阱"。若能慧眼识珠,则可能发现潜在的投资机会;反之,若不慎跌入陷阱,则可能损失惨重。因此,学会在财务报表中识别"宝藏"与"陷阱"显得尤为重要。

一、挖掘财务报表中的"宝藏"

为了更好地了解企业的财务状况、经营成果和现金流量,挖掘财务报表中的"宝藏"显得尤为重要。在竞争愈发激烈的今天,一个企业如果不能及时挖掘财务报表中的宝贵信息,很有可能成为落于人后的导火索。因此,我们应当全力以赴,提升对财务报表中那些"宝藏"的深入挖掘能力。

1. 财务报表中的"宝藏"

财务报表作为企业财务状况的重要展示窗口,常常蕴含了丰富的信息和价值(图2-1)。通过深入分析诸多报表内容,我们能够挖掘出企业的内在潜力与优势，找到那些可能不为人知的"宝藏"。

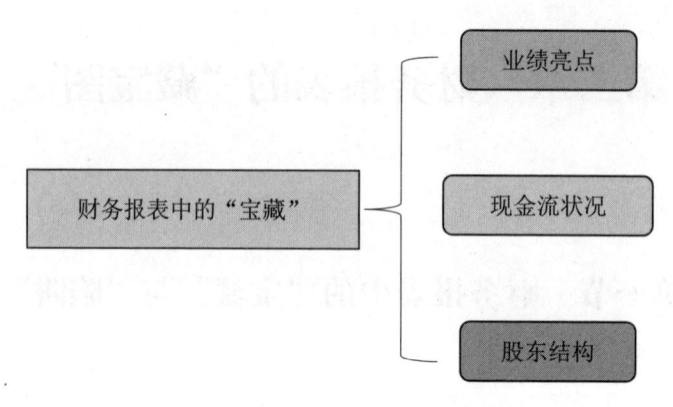

图 2-1　财务报表中包含的内容

（1）业绩亮点。财务报表中的营收、利润、毛利率等核心指标，是评估企业业绩最直接的方式。当这些指标呈现稳健增长时，通常意味着企业经营状况良好，未来发展可期。此外，一些非财务指标，如研发投入、市场拓展计划等，同样可以透露出企业的竞争力和未来发展潜力。

（2）现金流状况。现金流如同企业的"生命线"，稳定的现金流是企业持续经营的重要保障。在财务报表中，投资者应关注现金流入流出情况、现金储备量，以及现金周转速度等指标，以判断企业的现金流状况是否健康。

（3）股东结构。财务报表中通常会披露企业的股东构成及持股比例。通过分析股东结构，投资者可以了解企业的控制权分布及大股东对公司的态度。若大股东持股比例稳定且积极参与企业治理，则可能意味着企业管理层值得信赖，有助于提升投资者信心。

2. 提高对财务报表中"宝藏"的挖掘技术

财务报表，作为企业经营活动的"晴雨表"，蕴含了丰富的信息。它们不仅反映了企业的财务状况、经营成果和现金流量，还隐藏着许多有待挖掘的"宝藏"。下面,我们就来探讨如何深入挖掘财务报表中的这些宝贵信息。挖掘财务报表中信息的技术如图2-2所示。

```
                           ┌─ 了解财务报表的基本构成
                           │
提高对财务报表中"宝藏" ─────┤─ 关注财务报表中的关键指标
        的挖掘技术         │
                           ├─ 合理运用分析工具和方法
                           │
                           └─ 适当分析关注非财务信息
```

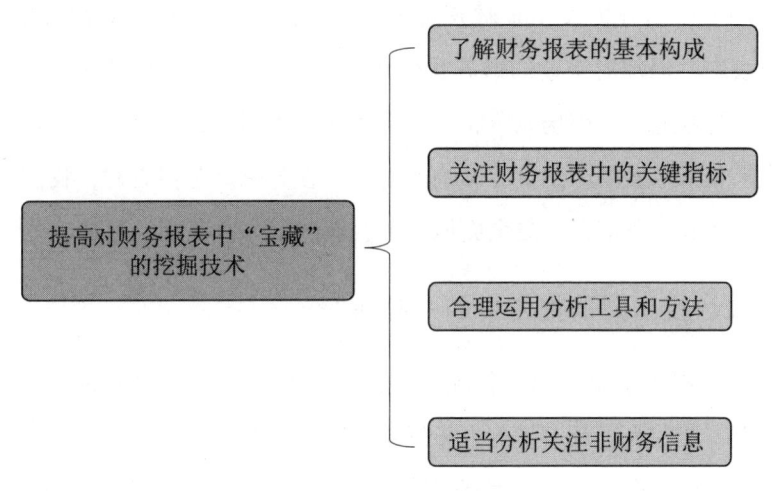

图2-2 挖掘财务报表中信息的技术

(1)了解财务报表的基本构成。财务报表主要包括资产负债表、利润表、现金流量表及所有者权益变动表等。这些报表相互关联,共同构成了企业的财务全景图。通过对这些报表的深入分析和对比,我们可以揭示出企业的盈利能力、偿债能力、运营效率及成长潜力等多方面的信息。

(2)关注财务报表中的关键指标。例如,资产负债表中的总资产、负债和所有者权益等指标,可以反映出企业的规模和实力;利润表中的营业收入、净利润等指标,则体现了企业的盈利能力和经营成果;现金流量表中的现金流入和流出情况,则揭示了企业的资金运作状况和流动性风险。

(3)合理运用分析工具和方法。比如,我们可以利用比率分析法,计算一些财务比率,如毛利率、净利率、资产周转率等,来评估企业的运营效率和盈利能力；同时，我们还可以运用趋势分析法，观察各项财务指标的变化趋势，以预测企业的未来发展状况。

（4）适当分析关注非财务信息。非财务信息虽然不直接体现在财务报表中，但却对企业的财务状况和经营成果产生着重要影响。例如，企业的行业地位、市场竞争状况、政策法规等因素，都可能对企业的经营成果和未来发展产生重要影响。因此，在分析财务报表时，我们需要结合这些非财务信息，更全面地了解企业的财务状况和经营环境。

二、找出财务报告中的"陷阱"

财务报告是企业财务状况、经营成果和现金流量的全面反映，是投资者、债权人、政府等各方了解企业运营情况的重要依据。然而，在现实中，一些企业为了掩盖真实情况或误导投资者，可能会在财务报告中隐藏"陷阱"，即故意遗漏或歪曲一些重要信息。因此，我们需要采取一系列措施，让财务报告中的"陷阱"无处可逃。

1. 财务报表中的"陷阱"

财务报表中的"陷阱"可能源于财务报表本身的局限性，也可能因为某些特定的会计处理或财务策略（图2-3）。因此，我们需要保持警惕，深入了解财务报表背后的细节，以便作出明智的决策。

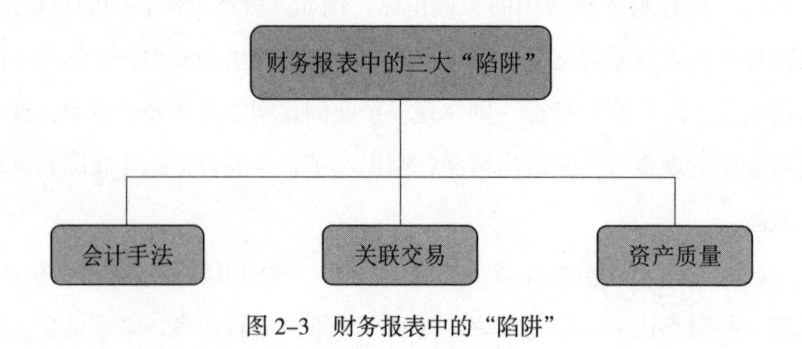

图2-3 财务报表中的"陷阱"

（1）会计手法。一些企业可能会通过调整会计政策、计提减值准备等方式，粉饰财务报表数据，掩盖真实的经营状况。因此，投资者在阅读财务报表时，应关注会计政策是否发生变化，以及是否存在异常的减值计提等情况。

（2）关联交易。关联交易可能涉及利益输送、虚增利润等问题，使得财务报表数据失真。因此，投资者应关注财务报表中是否披露了关联交易及其具体情况，并对这些交易进行谨慎分析。

（3）资产质量。资产质量是影响企业偿债能力的重要因素。在财务报表中，投资者应关注企业的存货、应收账款等资产的质量情况，判断是否存在坏账风险、存货积压等问题。

2. 规避财务报表的"陷阱"

F企业是一家科技企业，以其创新的产品和稳健的财务状况赢得了市场的广泛认可。然而，在某一年的财务报表中，F企业未能规避一些潜在的陷阱，导致了一系列不良后果。

F企业财务报表存在陷阱。首先，坏账准备处理过于乐观，未合理计提，导致利润高估、风险掩盖。其次，折旧政策执行疏忽，未反映已使用设备折旧费用，低估成本。此外，关联方交易和收入确认也有问题，未充分披露交易性质金额，收入确认扭曲财务状况。

F企业未能规避财务报表陷阱，引发多重问题：股价遭重挫，投资者抛售股票，市值大幅缩水；信誉受损，投资者和监管机构信任度降低，市场形象声誉受损；还面临法律诉讼和监管处罚风险，违反财务报告规定可能导致投资者索赔和监管处罚，加剧财务负担和法律风险。

正如上述案例的情况所言，财务报表中存在的一些"陷阱"，使投资者或管理者产生误判。为了规避这些陷阱，我们可以采取以下策略，如图2-4所示。

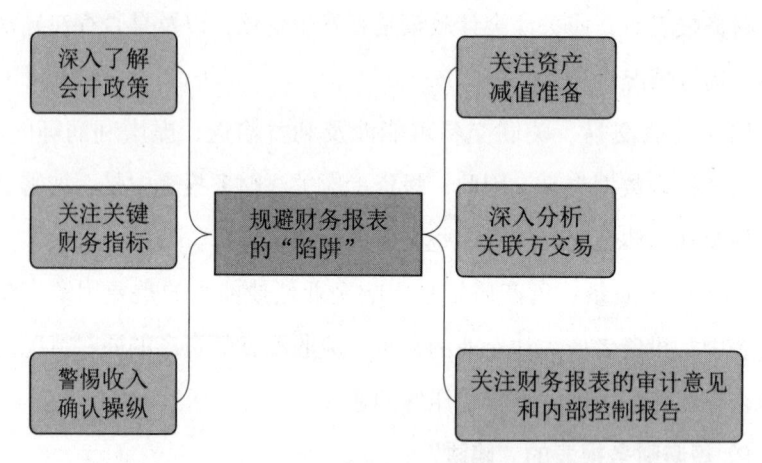

图2-4 规避财务报表中"陷阱"的策略

（1）深入了解会计政策。会计政策的选择和运用对于财务报表的编制具有重要影响。我们需要仔细阅读财务报表附注，了解企业采用的会计政策及政策变更的原因和影响。同时，关注同行业其他企业的会计政策，以便进行横向比较和分析。

（2）关注关键财务指标。关键财务指标如毛利率、净利率、资产负债率等，能够反映企业的盈利能力、偿债能力和运营效率。我们需要关注这些指标的变化趋势，分析是否存在异常波动。例如，毛利率突然大幅上升可能意味着企业收入确认存在问题，而净利率持续偏低则可能暗示企业成本控制不力。

（3）警惕收入确认操纵。收入确认是财务报表中的关键环节，也是陷阱频发的地带。我们需要关注企业收入确认的政策和方法，判断是否存在提前或延迟确认收入的情况。同时，结合行业特点和市场需求，分析企业收入增长的合理性和可持续性。

（4）关注资产减值准备。资产减值准备的计提与转回也是财务报表中的一个重要环节。我们需要关注企业资产减值准备的计提依据、方法和金额，判断是否存在过度计提或转回的情况。此外，还需要关注资产减值准备的转回是否符合相关法规和会计准则的要求。

（5）深入分析关联方交易。关联方交易是财务报表中常见的陷阱之一。我们需要关注企业与关联方之间的交易内容和金额，判断是否存在不公平交易或利益输送的情况。同时，分析关联方交易对企业财务状况和经营成果的影响，以便更准确地评估企业的真实价值。

（6）关注财务报表的审计意见和内部控制报告。审计意见是注册会计师对财务报表真实性和公允性的评价，有助于我们了解报表的可信度。而内部控制报告则揭示了企业在财务报告编制过程中是否存在内部控制缺陷，有助于我们识别潜在的财务风险。

第二节 揭秘财务比率背后的故事

探索 A 企业的盈利能力和运营效率

A 企业是一家从事电子产品生产和销售的企业，近年来在市场竞争中取得了一定的成绩。然而，随着市场竞争的加剧，A 企业十分需要更加深入地了解自身的财务状况，以便制定更加精准的发展战略，于是开始重视财务比率的分析工作。

首先对盈利能力进行分析：

1. 毛利率

A企业的毛利率呈现逐年上升的趋势，这表明企业在成本控制和产品定价方面取得了较好的效果。通过对A企业的成本结构进行深入分析，发现其采购成本、生产成本和销售费用等都得到了有效控制。同时，企业还通过优化产品设计、提高生产效率等方式，进一步提升了毛利率。

2. 净利率

与毛利率相比，A企业的净利率虽然也有所上升，但增长幅度较小。这主要受到企业期间费用的影响，如研发费用、管理费用和财务费用等。这些费用的增加在一定程度上压缩了企业的利润空间。因此，A企业需要继续优化内部管理，降低费用支出，提高净利率水平。

3. 存货周转率

A企业的存货周转率呈现波动上升的趋势。这表明企业在存货管理方面取得了一定的成效，但仍有改进空间。企业可以通过加强市场预测、优化采购计划、提高生产协调性等方式，进一步提高存货周转率，降低存货成本。

4. 应收账款周转率

A企业的应收账款周转率相对稳定，但整体水平偏低。这说明企业在应收账款管理方面存在一定的问题，如客户信用评估不严格、催收力度不够等。因此，A企业需要加强应收账款的风险管理，完善催收制度，提高应收账款周转率，降低坏账风险。

通过对A企业财务比率的分析，可以发现其在盈利能力和运营效率方面存在的一些问题和优势。这些问题和优势都源于企业内部的经营管理和市场策略。因此，企业需要不断优化内部管理，提高运营效率，同时加强市场调研，制定更加精准的市场策略，以提升企业的盈利能力和市场竞争力。

在浩瀚的财经世界里,财务比率作为一种有效的分析工具,犹如指南针般指引着我们深入解读企业的财务状况。它们以数字的形式,展现了企业的盈利能力、偿债能力及运营效率等多个方面的信息。然而,这些数字背后所蕴含的故事往往更为精彩,下面让我们更加全面深入地了解财务比率的相关内容。

一、盈利能力方面的财务比率

盈利能力方面的财务比率,是财务分析中用以评估企业盈利水平及运营效率的关键指标。这些比率不仅有助于投资者、分析师及管理层全面了解企业的财务状况,还能为企业的战略决策提供有力支持。下面将详细探讨几种常见的盈利能力财务比率,如图 2-5 所示。

```
                    ┌── 毛利率
                    │
                    ├── 净利率
                    │
   常见的财务比率 ──┼── 资产收益率(ROA)和净资产收益率(ROE)
                    │
                    ├── 营业收入增长率
                    │
                    ├── 净利润增长率
                    │
                    └── ……
```

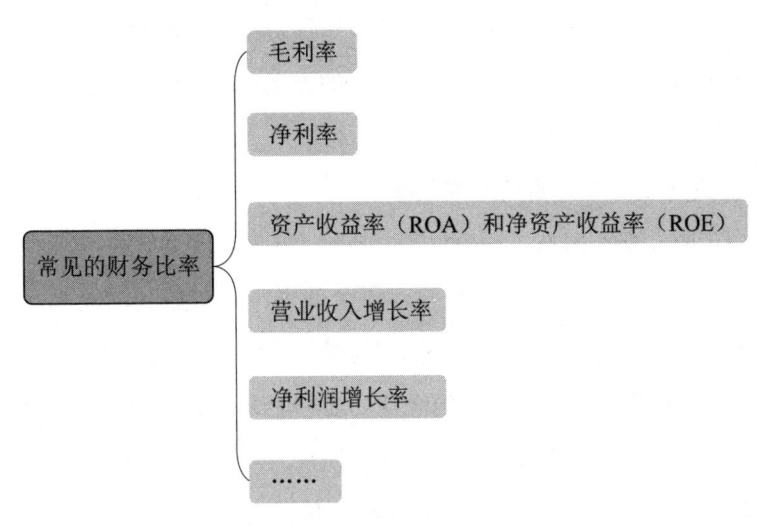

图 2-5　盈利能力方面的财务比率

1. 毛利率

毛利率是指企业在销售商品或提供服务过程中,收入扣除直接成本后所剩下的利润占销售收入的比例。毛利率的高低直接反映了企业在生产经营环节中的成本控制能力和盈利能力。毛利率高意味着企业拥有较强的议价能力和成本控制水平，而毛利率低则可能暗示着企业面临激烈的市场竞争或成本控制不足。产品毛利率是企业的核心竞争力，通过提升产品毛利率，企业可以增强在市场竞争中的地位。另外，产品毛利率也与企业的创新能力密切相关，通过不断提升产品附加值和差异化竞争优势，可以实现产品毛利率的提升，从而推动企业持续创新和发展，保持竞争力。

2. 净利率

净利率是指企业在一定时期内净利润占销售收入的比例。简单来说，净利率反映了企业每销售 1 元产品或提供 1 元服务后，最终实现利润占总收入的比例。与毛利率相比，净利率更全面地考虑了企业在生产经营过程中的各项费用，如管理费用、销售费用等。因此，净利率更能反映企业的整体盈利能力。提高净利率的关键在于降低费用、提高管理效率及优化销售策略等。

3. 资产收益率和净资产收益率

资产收益率（ROA）和净资产收益率（ROE）也是评估企业盈利能力的关键指标。ROA 反映了企业运用全部资产进行盈利的能力，它反映了企业在一定时期内实现的净利润与平均总资产之间的比率，通过计算净资产收益率，我们可以了解企业的盈利能力、资产利用效率及经营绩效，这个指标对于投资者、管理者和债权人来说都具有重要意义。而 ROE 则侧重于衡量企业运用股东投入资本创造利润的能力。通过计算净利润与股东权益的比率，我们可以了解每一元股东权益创造的利润有多少，直接反映了企业的盈利能力，ROE 还可以帮助我们评估企业的资本结构和财务健康状况，一个高的 ROE 可能意味着企业在不增加债务的情况下能够创造更多利润,显示出企业的财务稳健和资本利用效率,我们可以通过 ROE 更好地评估企业的经营表现,为投资决策和管理决策提供参考。

4. 其他指标

为了更全面地了解企业的盈利能力,我们还可以结合其他指标进行分析,如营业收入增长率、净利润增长率等。这些指标可以揭示企业盈利能力的变化趋势,帮助投资者和管理层更好地把握企业未来的发展潜力。

二、偿债能力方面的财务比率

在企业的财务分析中,偿债能力方面的财务比率是一个至关重要的指标,它反映了企业在一定时期内偿还债务的能力。这些比率有助于投资者、债权人及企业管理者更好地了解企业的财务状况,从而作出更明智的决策。下面将详细讲解一些重要的偿债能力财务比率,如图 2-6 所示。

```
        重要的偿债能力财务比率
    ┌──────┬──────┬──────┬──────┐
  流动比率  速动比率  资产负债率  利息保障倍数
```

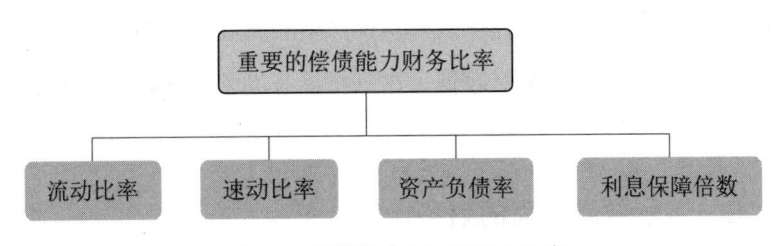

图 2-6 偿债能力方面的财务比率

1. 流动比率

流动比率是一个衡量企业短期偿债能力的关键指标。它表示企业流动资产与流动负债之间的比例。流动比率越高,说明企业短期偿债能力越强,能够迅速应对可能出现的短期债务压力。一般来说,流动比率大于1则认为是比较健康的财务状况。但需要注意的是，过高的流动比率也可能表明企业未能有效利用其资产，从而影响盈利能力。

2. 速动比率

速动比率是另一个重要的短期偿债能力指标。与流动比率相比，速动比率在计算时排除了存货等流动性较差的资产。因此，速动比率更能反映企业在面临短期债务压力时，能够迅速变现的资产状况。一般来说，速动比率大于1，则意味着企业具备较好的短期偿债能力。

3. 资产负债率

资产负债率也是反映企业偿债能力的一个重要指标。它表示企业负债总额与资产总额之间的比例。资产负债率越高，说明企业承担的债务越多，财务风险也相应增大。然而，在合理的范围内，适当的负债可以为企业带来杠杆效应，提高盈利能力。因此，在分析资产负债率时，需要结合行业特点和企业实际情况进行综合判断。

4. 利息保障倍数

利息保障倍数同样是一个重要的偿债能力指标。它表示企业息税前利润与利息费用之间的比例。利息保障倍数越高，说明企业支付利息的能力越强，债务风险相对较低。这一指标有助于评估企业长期偿债能力的稳定性。

三、运营效率方面的财务比率

运营效率是衡量企业运营绩效的关键指标之一，通过评估企业在资源利用、成本控制、生产流程及销售收入等方面的效率，有助于企业发现潜在的改进空间，进而提升竞争力。在财务分析中，一系列特定的财务比率被用来评估运营效率，这些比率不仅提供了企业运营的量化指标，还揭示了企业运营中的优势和不足，如图2-7所示。

```
衡量运营效率的财务比率 ─┬─ 库存周转率
                        ├─ 应收账款周转率
                        ├─ 总资产周转率
                        ├─ 固定资产周转率
                        ├─ 营业周期
                        └─ ……
```

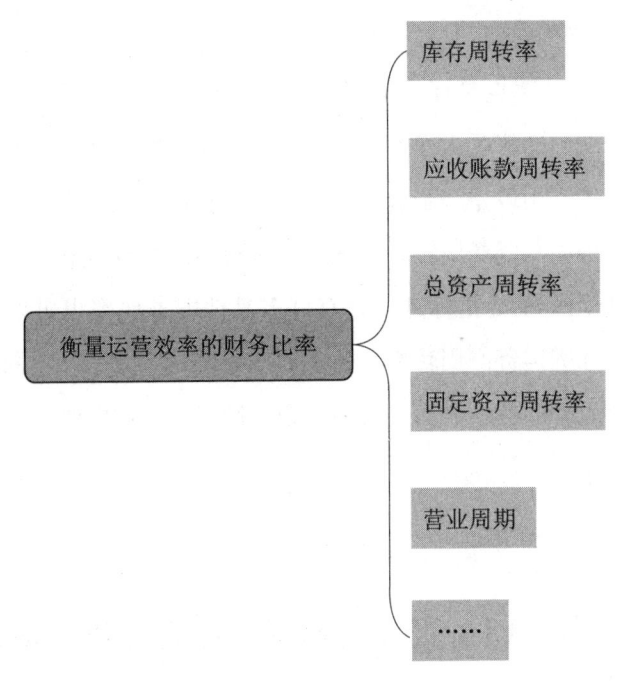

图 2-7 运营效率方面的财务比率

1. 库存周转率

库存周转率是指企业一定时期内销售成本与平均库存成本之间的比率，它反映了企业库存管理的效率。一个较高的库存周转率意味着企业能够以更快的速度将库存转化为销售收入，从而降低库存积压的风险和资金占用成本。因此，企业应通过优化库存管理、提高采购和销售的协同性等措施，提高库存周转率。

2. 应收账款周转率

应收账款周转率是衡量运营效率的重要指标。它是指企业一定时期内赊销净收入与平均应收账款余额之间的比率，它反映了企业应收账款的回收速度和坏账风险。通过加强客户信用管理、完善催收机制等措施，企业可以提高应收账款周转率，进而降低坏账风险，提高资金周转率。

3. 总资产周转率

总资产周转率也是评估运营效率的关键指标。总资产周转率是指企业一定时期内销售收入净额与平均资产总额之间的比率，它反映了企业资产的整体利用效率。企业可以通过提高资产使用效率、优化资源配置等措施，提高总资产周转率，从而实现更高的经济效益。

除以上几个主要指标外，还有许多其他财务比率也可以用来评估运营效率，如固定资产周转率、营业周期等。这些比率从不同角度揭示了企业运营效率的各个方面，有助于企业制定针对性的改进策略。

第三节　财务报表大侦探：综合分析与应用

财务报表作为企业财务状况和经营成果的重要载体，不仅反映了企业的经济实力和运营状况，也为管理层决策、投资者判断和市场监督提供了重要依据。因此，深入探讨财务报表并进行准确的应用，有助于我们更好地投身于财务管理工作。

一、财务报表

财务报表是企业向外部利益相关者，如股东、债权人、政府部门等，提供其财务状况、经营成果及现金流量情况的重要工具。它是企业经营管理的重要组成部分，对于评价企业经营状况、预测未来发展趋势及制定战略决策具有重要的参考价值。财务报表主要包括三大基本报表：资产负债表、利润表和现金流量表。

1. 资产负债表

资产负债表格式见表 2-1。

表 2-1　某企业流动资产负债表

单位：元

资　　产	期末余额	年初余额	负债和所有者权益	期末余额	年初余额
流动资产					
库存现金					
银行存款					
交易性金融资产					
应收票据					
应收账款					
预付账款					
应收股利					
应收利息					
其他应收款					
坏账准备					
材料采购					
在途物质					
原材料					
库存商品					
发出商品					
周转材料					
存货跌价准备					
持有至到期投资					
持有至到期投资减值准备					
流动资产合计			流动负债合计		

资产负债表反映了企业在某一特定日期的资产、负债及所有者权

益的状况。它对于企业内部管理和外部利益相关者都具有重要意义。资产负债表的基本结构包括资产、负债和所有者权益三大部分。

（1）资产部分展示了企业拥有的各类资源，如现金、存货、固定资产等，这些资源有助于企业实现经营目标并创造利润。

（2）负债部分则反映了企业应支付给他人的款项，如应付账款、短期借款等，这些款项代表了企业的债务负担。

（3）所有者权益部分则代表了企业所有者对企业资产的权益，包括实收资本、留存收益等。

在分析资产负债表时，我们需要关注各项指标的变动情况。例如，资产的增加可能意味着企业规模在扩大，但同时也可能带来更大的财务风险。负债的增加则可能表明企业在筹资方面采取了更为积极的策略，但也可能增加了偿债压力。而所有者权益的增加，则通常意味着企业经营状况良好，盈利能力较强。

2. 利润表

利润表格式见表 2-2。

表 2-2　某公司利润表

项　　目	本期发生数	本年累计数
一、营业收入		
减：营业成本		
营业税金及附加		
营业费用		
管理费用		
财务费用		
资产减值损失		
加：公允价值变动收益		
投资收益		

续上表

项　目	本期发生数	本年累计数
其中：对联营企业与合营企业的投资收益		
二、营业利润		
加：营业外收入		
减：营业外支出		
其中：非流动资产处置损失		
三、利润总额		
减：所得税费用		
四、净利润		
1.归属母公司所有者的净利润		
2.少数股东权益		
五、每股收益		
1.基本股每股收益		
2.稀释每股收益		

在财务报表中，利润表详细记录了企业在一定时期内的经营活动成果，展示了企业的盈利状况和利润构成。利润表由上至下一般分为五个部分：营业收入、营业利润、利润总额、净利润及每股收益。

（1）营业收入：也称为销售收入或营业额，是企业在销售商品或提供服务后所收到的全部收入。这是利润表的起点。

（2）营业利润：也称为毛利或经营利润，是营业收入减去营业成本（如原材料、工资、租金等）和营业费用（如销售费用、管理费用等）后的余额。它反映了企业在正常经营活动中所获得的利润。

（3）利润总额：利润总额是在营业利润的基础上，加上营业外收入（如投资收益、补贴收入等），减去营业外支出（如捐赠、罚款等）后的金额。它包括了企业所有收入和费用的影响。

（4）净利润：也称为税后利润或纯利润，是利润总额减去所得税费用后的余额。这是企业在一定时期内最终的经营成果，也是股东最为关心的指标之一。

（5）每股收益：每股收益是净利润与发行在外的普通股股数的比值，也称为每股盈余或每股税后利润。它反映了每股股票所带来的盈利能力，是投资者分析公司投资价值时的重要指标之一。

利润表的功能多样，其中最为核心的功能是揭示企业的盈利能力和经营效率。通过分析利润表，投资者和企业管理者可以了解企业的收入来源、成本结构及盈利变动趋势，从而对企业的未来发展作出预测和决策。此外，利润表还有助于评估企业的偿债能力和现金流量状况，为企业的融资和投资活动提供依据。例如，行业研究报告显示，同行业内盈利状况良好的企业往往具备较低的成本控制能力和较高的市场占有率。因此，在分析企业利润表时，可以结合行业特点，对比企业在成本控制和市场拓展方面的表现，从而更准确地判断企业的盈利能力和发展潜力。

3. 现金流量表

现金流量表格式见表2-3。

表2-3　某企业现金流量表

单位：元

项　目	金　额
一、经营活动产生的现金流量	
经营活动现金流入	
经营活动现金流出	
经营活动产生的现金流量	
二、投资活动产生的现金流量	
投资活动现金流入	

续上表

项　　目	金　　额
投资活动现金流出	
投资活动产生的现金流量	
三、筹资活动产生的现金流量	
融资活动现金流入	
融资活动现金流出	
筹资活动产生的现金流量	
四、汇率变动对现金的影响	
五、现金及现金等价物净增加额	
六、期末现金及现金等价物余额	

现金流量表反映了企业在一定会计期间内现金及现金等价物的流入与流出情况。它有助于分析企业的现金流动状况，评估其偿债能力和运营效益，从而为企业决策者提供有价值的决策依据。现金流量表主要包括经营、投资和筹资三大活动所产生的现金流量。

（1）经营现金流量反映了企业日常经营活动的现金流入与流出情况，如销售商品、提供劳务等产生的现金收入，以及购买原材料、支付工资等产生的现金支出。

（2）投资现金流量反映了企业在投资活动中产生的现金流入与流出，如购买或出售固定资产、无形资产等。

（3）筹资现金流量则反映了企业为筹集资金而进行的现金流入与流出，如发行债券、借款及偿还债务等。

在实际应用中，现金流量表对于投资者、债权人及企业决策者等都具有重要意义。对于投资者而言，现金流量表有助于评估企业的盈利能力和成长潜力，从而作出更为明智的投资决策。债权人则可以通过分析现金流量表来判断企业的偿债能力，以确保其债权安全。对于企业决策者来说，现金流量表则提供了优化现金管理、提高资金使用效率的参考依据。

二、财务报表的综合分析

财务报表作为企业经营成果和财务状况的重要反映工具，在企业的经营管理、投资决策及外部监管中发挥着不可或缺的作用。因此，对财务报表进行综合分析，有助于我们全面了解企业的经营状况，识别潜在风险，并为决策提供有力支持。

1. 从财务报表中提取关键信息

这些关键信息包括收入、利润、成本、资产、负债等各方面的数据。通过对比不同时间段的财务数据，可以了解企业的经营发展趋势。同时，还要关注财务数据之间的关联性，如利润率、周转率等指标的变动情况，以分析企业的经营效率和盈利能力。

2. 对财务报表进行横向与纵向对比

横向对比是将企业与同行业其他企业进行对比，以评估企业在行业中的地位和竞争力。纵向对比则是对比企业不同时期的财务数据，以观察企业的发展趋势和成长潜力。通过对比，可以找出企业在运营过程中存在的问题和不足，从而为企业改进和提升提供依据。

3. 需注重财务风险的识别与评估

财务风险可能来源于市场风险、信用风险、流动性风险等多个方面。通过深入分析财务报表中的相关数据和指标，可以识别出潜在的风险点，从而采取相应的风险应对措施。例如，关注应收账款的账龄和坏账率，可以了解企业的信用风险状况；关注存货周转率和流动资产周转率，可以评估企业的流动性风险。

4. 注意运用相关财务分析方法

例如,杜邦分析法可以揭示企业的盈利能力、偿债能力和运营效率之间的关系;比率分析法可以通过计算各种财务指标来评估企业的经营绩效;趋势分析法则可以通过观察财务数据的变化趋势来预测企业未来的发展趋势。

5. 财务报表综合分析的结果应转化为实际的改进建议和投资决策

通过对财务报表的深入分析,管理者可以为企业提出针对性的改进建议,如优化成本控制、加强应收账款管理等。同时,投资者也可以基于财务报表综合分析的结果,评估企业的投资价值和潜在风险。

三、财务报表的应用

假设我是一家制造型企业的财务分析师,该企业专注于生产电子产品,并在国内外市场占有一定的份额。为了全面评估企业的财务状况、经营成果和现金流量情况,我需要对企业的财务报表进行综合分析,以便为管理层提供决策支持。

1. 资产负债表分析

首先,关注企业的资产负债表,分析企业的资产结构、负债结构及所有者权益变动情况。通过比较不同时间段的资产负债表数据,可以发现:

(1)企业的总资产规模逐年增长,表明企业正在不断扩大经营规模。

(2)流动资产占比相对较高,说明企业资金流动性良好,有利于应对短期偿债压力。

(3)长期负债逐年增加,但总体上保持在合理范围内,表明企业在借助外部融资支持业务发展。

2. 利润表分析

接下来，对利润表进行深入分析，关注企业的营业收入、营业成本、利润总额及净利润等指标。通过分析，我们可以得出以下结论：

（1）企业的营业收入保持稳定增长，说明市场需求旺盛，产品竞争力较强。

（2）营业成本增长较快，可能与原材料价格上涨、人工成本增加等因素有关。

（3）利润总额和净利润虽有增长，但增速逐渐放缓，需要关注成本控制和盈利能力提升问题。

3. 现金流量表分析

最后，关注现金流量表，分析企业的现金流入和流出情况，以及现金净流量的变化趋势。分析结果显示：

（1）经营活动产生的现金流量净额持续为正，表明企业具备较强的盈利能力和现金回收能力。

（2）投资活动产生的现金流量净额波动较大，反映了企业在扩张和发展过程中需要投入大量资金。

（3）筹资活动产生的现金流量净额呈现增长趋势，说明企业正在积极利用外部融资支持业务发展。

4. 三张财务报表的关系

三张报表从两个维度描述企业，现金流量表这个维度表明企业是否能继续生存下去，由资产负债表和利润表共同构成的维度则说明如果企业继续生存下去，它将是什么样的。每个维度之下，都描述了经营、投资、融资三类经济活动，以及这些经济活动背后的五大业务，三张报表各司其职，每张报表都描述了企业某一方面的情况，合在一起就展示了一个在风险和收益两个维度下的完整企业。

第三章 预算：财务管理的"魔法棒"

第一节 预算管理的含义和作用

预算，被誉为财务管理的"魔法棒"，这是个形象生动的比喻，不仅揭示了预算在财务管理中的核心地位，更凸显了其强大的功能和影响力。那么，预算究竟是如何发挥作用的？为何它能被誉为财务管理的"魔法棒"呢？

一、预算管理的真正含义

预算，是指在特定时间范围内基于财务目标，预先进行编制和评估，以确定特定期间内所需的资金和资源的使用与分配。企业的每个部门以及每位管理者都肩负着重要的预算编制职责。根据企业规模，可以设立专门的预算管理机构或流程部门，以促进全面预算管理工作的深入开展。

1. 预算的认知误区澄清

关于预算，有一个常见的认知误区需要加以澄清：许多人，甚至部分企业领导，错误地认为预算编制是财务部门的专属工作，将企业预算等同于财务预算。这种认知偏差导致全面预算管理难以真正落地实施。仅凭财务部门完成的预算可能无法获得其他部门的充分认可和配合；而缺乏财务部门支持的其他业务部门所编制的预算，则可能难以得到有效执行。事实上,预算管理远非如此局限,其涵盖的范围远超财务领域。预算管理并非财务预算管理的简单代称,同时预算管理的负责人也并非必然来自财务部门。

某中型企业,在每年初进行预算编制时,由于历史原因和内部流程设置不当,错误地认为预算编制仅仅是财务部门的工作。因此,财务部门每年在预算编制时期,都会独自完成所有预算表格的制定和汇总,而其他部门如销售、生产、人力资源等,则很少参与。

这样的做法导致企业预算基本等同于财务预算,严重缺乏其他业务部门的实际数据和预期,预算内容过于单一,无法全面反映企业的运营状况和未来规划。此外,由于缺乏跨部门沟通协作,财务部门制定的预算很难得到其他部门的认同和支持,执行过程中经常出现预算与实际情况脱节的问题。

在某一年,市场变化导致销售收入大幅下降,而由于预算编制时未充分考虑这一因素,财务部门制定的预算未能及时作出调整,导致企业在资金运用上出现了严重问题,甚至影响了企业的正常运转。

经过这次教训,企业开始意识到预算编制并非财务部门的独角戏,而是需要所有业务部门共同参与的协作过程。因此,企业开始调整预算编制流程,加强跨部门沟通协作,让各业务部门能够充分表达自己的需求和预期,确保预算能够全面反映企业的实际情况和未来规划。

2. 真正的预算管理

预算,又被称为全面预算,这是因为预算管理需要全体员工的共同参与和协作。

全面的预算管理应根据企业的经营目标进行层层分解,并落实到各个部门和下属单位。通过预算编制、执行、控制、检查、反馈、评价与考核等一系列环节,建立科学完整的指标和数据管理控制体系。这一过程强调全员参与和横纵沟通,以实现企业业务的量化、细化和优化,并对经营活动全过程的投入和产出进行严格监控和评估。最终,以绩效结果为导向,对预算管理进行评价和激励,推动企业实现健康、稳定和可持续的发展。

二、预算在财务管理中的作用

预算不仅是财务规划的基础,更是实现目标、控制成本和提高效益的重要工具,在企业进行财务管理过程中,发挥着不可或缺的作用,是企业必须高度重视和熟练掌握的内容。预算在财务管理中的作用如图3-1所示。

```
                          ┌─ 预算是一种有效的资源配置工具
预算在财务管理中的三项作用 ─┼─ 预算有助于降低财务风险
                          └─ 预算具有激励和约束作用
```

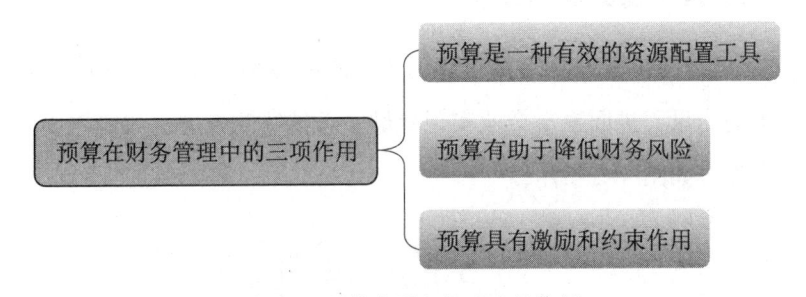

图 3-1　预算在财务管理中的作用

1. 预算是一种有效的资源配置工具

在企业或组织的运营过程中,预算能够帮助管理者明确资源的分配方向和优先级。通过制订详尽的预算计划,企业能够合理调配资金、人力、物力等资源,确保各项业务的顺利进行。同时,预算还能根据企业的战略目标和市场状况,灵活调整和优化资源配置,从而提高资源的使用效率。

2. 预算有助于降低财务风险

编制预算可以使企业预测和规划未来的收入和支出情况,从而及时发现并解决潜在的财务问题。在预算实施过程中，企业还可以将实际执行情况与预算进行对比分析，及时找出差异并采取相应的纠正措施。这样，企业才能够更好地控制财务风险，确保财务状况的稳定和健康。

3. 预算具有激励和约束作用

一方面，预算为员工设定了明确的目标和期望值，激励他们努力工作以达成预算目标。另一方面，预算也是一种约束机制，它要求员工在资源使用上保持谨慎和节俭，防止浪费和滥用资源。这种激励与约束相结合的管理方式，有助于形成积极向上的企业文化氛围，提高员工的工作积极性和责任心。

三、善用预算发挥作用

为了使预算真正发挥其"魔法棒"般的威力，在财务管理中发挥出强大的力量，进而推动企业实现稳健、可持续的发展，我们需要注意以下五点，如图3-2所示。

```
                    ┌─────────────────────────┐
                    │   树立正确的预算管理理念   │
                    └─────────────────────────┘
                    ┌─────────────────────────┐
                    │   构建科学的预算管理体系   │
                    └─────────────────────────┘
┌──────────────┐    ┌─────────────────────────┐
│ 预算的五点注意事项 │──│  强化预算管理的信息化建设  │
└──────────────┘    └─────────────────────────┘
                    ┌─────────────────────────┐
                    │ 结合企业战略规划和实际经营情况│
                    └─────────────────────────┘
                    ┌─────────────────────────┐
                    │   培养专业的预算管理人才   │
                    └─────────────────────────┘
```

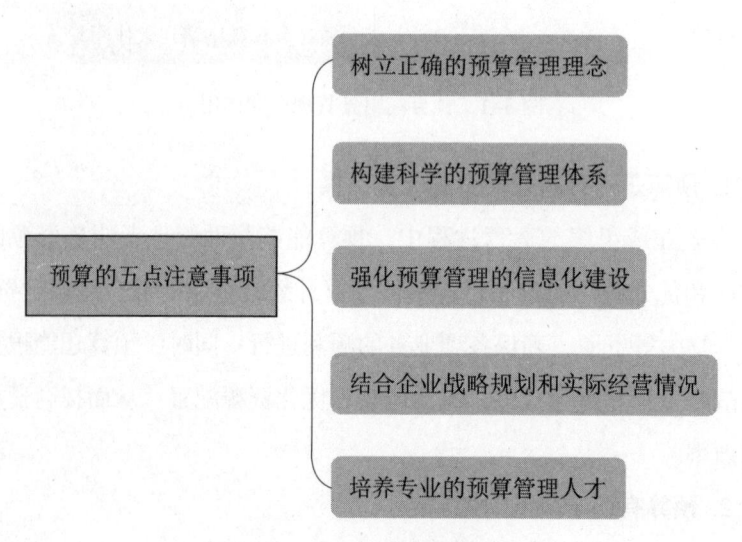

图3-2　善用预算发挥作用

1. 树立正确的预算管理理念

预算管理并非仅仅是制订数字和计划，更是一种对资源进行优化配置和风险控制的过程。它涉及企业的方方面面，包括生产、销售、采购、研发等，需要各部门之间的紧密配合与协同作战。因此，我们应当从战略高度出发，将预算管理视为企业管理体系的核心组成部分，全面贯穿于企业的各个层面。

2. 构建科学的预算管理体系

构建预算管理体系涵盖预算的编制、审批、执行、调整及考核等多个环节。在预算编制时，我们应充分考虑市场环境、企业发展战略及内部资源状况，确保预算的合理性和可行性。在预算审批过程中，需确保审批流程的规范化和透明化，以杜绝权力寻租和腐败现象的发生。在执行和调整阶段，我们应密切关注预算执行情况，及时发现问题并采取相应措施进行调整。最后，通过绩效考核激发员工对预算管理的积极参与，提高预算管理的效果。

3. 强化预算管理的信息化建设

随着信息技术的飞速发展，我们可以利用大数据、云计算等技术手段对预算数据进行实时分析和监控，以便更好地掌握预算执行情况。同时，通过信息化平台实现预算数据的共享和协作，能够极大地提高预算编制和审批的效率，减少人工操作可能产生的错误和遗漏。

4. 结合企业战略规划和实际经营情况

企业应依据自身的市场定位和发展战略，制定符合自身特点的预算方案。同时，预算管理应灵活适应市场的变化和企业内部的调整，确保预算能够真实反映企业的实际经营情况。

5. 培养专业的预算管理人才

预算管理需要具备扎实的财务知识、敏锐的市场洞察力和优秀的沟通协调能力。因此,企业应重视培养一支专业的预算管理团队,通过培训和引进高素质人才来提升预算管理的专业性和水平。

第二节　预算的开启方式:编制流程与方法

预算,是企业管理中的重要一环,深谙其道者方能驾驭全局,令企业资金流转自如,宛若游鱼得水。预算编制是组织内部管理的重要环节,它直接关系到组织的资金分配、项目安排及整体运营效果。因此,深入了解预算编制的流程与方法,对于提高预算管理的效率与质量具有重要意义。

基于收款滚动预算与分包付款联动式预算管理

乙建筑公司实施收款滚动预算下的分包付款联动式预算,以"上下结合、分级编制、逐级汇总"为编制方式,控制分包付款额度。预算数据由责任部门按年、月预计,财务部汇总后下达额度。该方案实现分包付款资金管控目标。

1. 搭建收款滚动预算框架

乙公司并行年度与月度收款滚动预算,年度预算统领,月度预算精准,作为分包付款预算的数据基础。

(1)年度收支预算编制流程

① 企业发展部通知各预算责任部门编制年度收款预算。

② 经营主管部门审核汇总,沟通反馈,提交给企业发展部。

③企业发展部审定后交预算管理部。

④预算管理委员会审定,公司董事会审核批准,下达收款预算指标。

年度收支预算编制流程如图3-3所示。

年度收款预算流程				
企业发展部	预算责任部门	经营主管部门	预算管理部	董事会
通知主体单位编制年度收款预算 →	编制年度收款预算	汇总审核年度收款预算		
汇总反复审定 ← 通过	通过		审定	
				通过 审核
下达年度收款预算指标		批准		

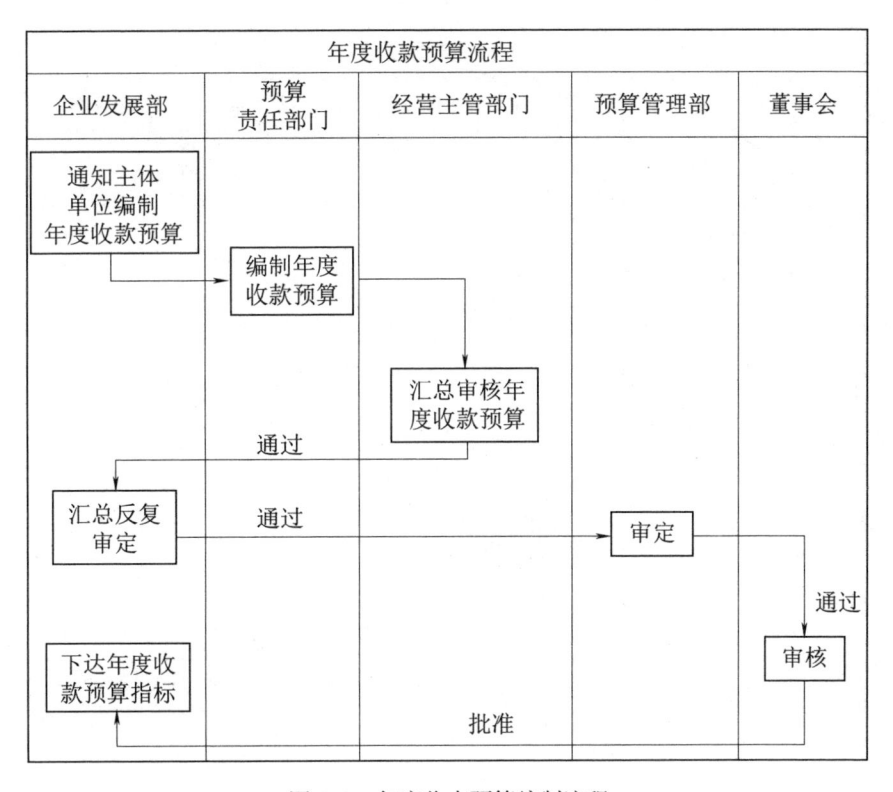

图3-3　年度收支预算编制流程

（2）月度收款滚动预算编制流程

在年度预算基础上,制定月度收款预算:

①预算责任部门每月月初在系统中填写月度收款进度并提交审核。如进度超出年度预算,系统自动计算为滚动预算。同时,责任部门会核对年度预算是否需要调整,并据实更新,以确保预算合理。

②经主管部门审核后的月度预算形成滚动预算汇总,提交企业发

展部。预算责任部门还将根据合同收款情况形成月收款预算抄送财务部，作为分包付款预算的数据基础。

月度收款预算流程如图3-4所示。

月度收款预算流程			
预算责任部门	经营主管部门	企业发展部	财务部
否→核对年度收款预算是否需要调整→是			
更新年度收款预算			
填写月度收款预算	汇总审核是否通过（否/是）	汇总	月度收款预算 / 月度付款预算

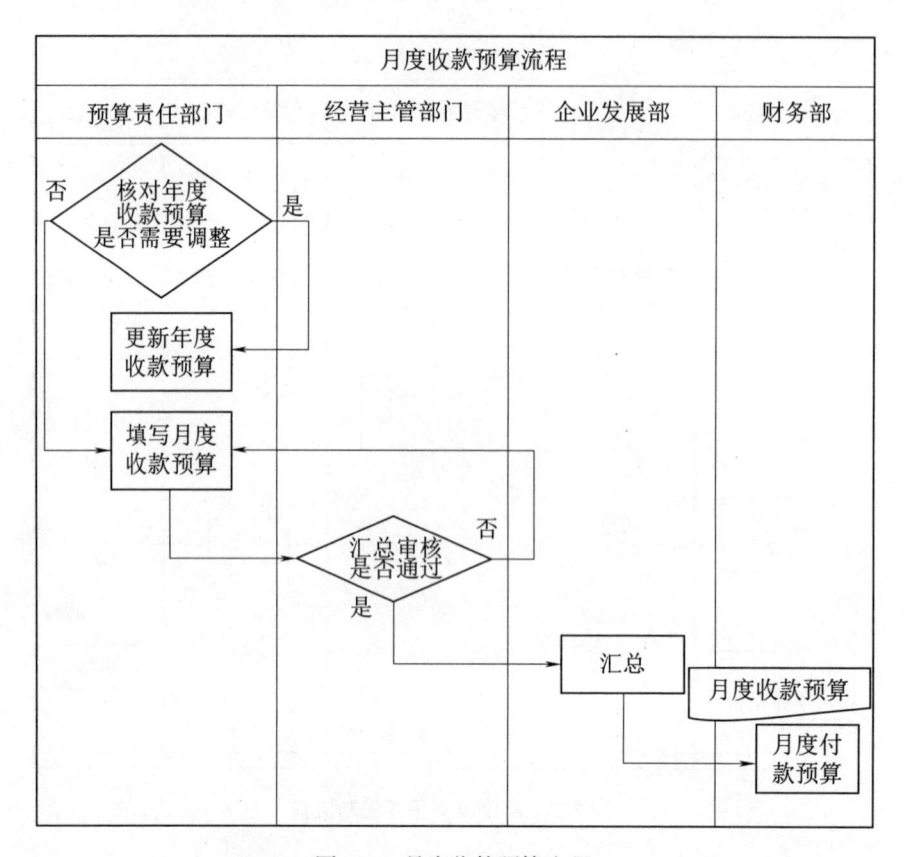

图3-4　月度收款预算流程

2. 基于收款滚动预算制定分包付款联动式预算流程

采用"上下结合、分级编制、逐级汇总"的方式。以收款、分包付款占收款比例控制额度，并制定年度和月度分包付款联动式预算。

（1）年度分包付款联动式预算编制流程。年度分包付款联动式预算由企业发展部联合财务部、经营主管部门共同编制。

① 年初，财务部依据收款预算数据和分包付款占收款比例，为经营主管部门和子公司设定年度分包付款预算额度。

② 此预算额度作为分包付款的参考标准，实际收款与预算数差异时，预算额度会相应调整。

年度付款预算如图 3-5 所示。

年度付款预算		
企业发展部	财务部	经营主管部门
年度收款预算编制流程 → 收款预算数据	预算年度分包付款占收款比例 ↓ 经营主管部门年度预算额度	分解年度预算额度至主体单位

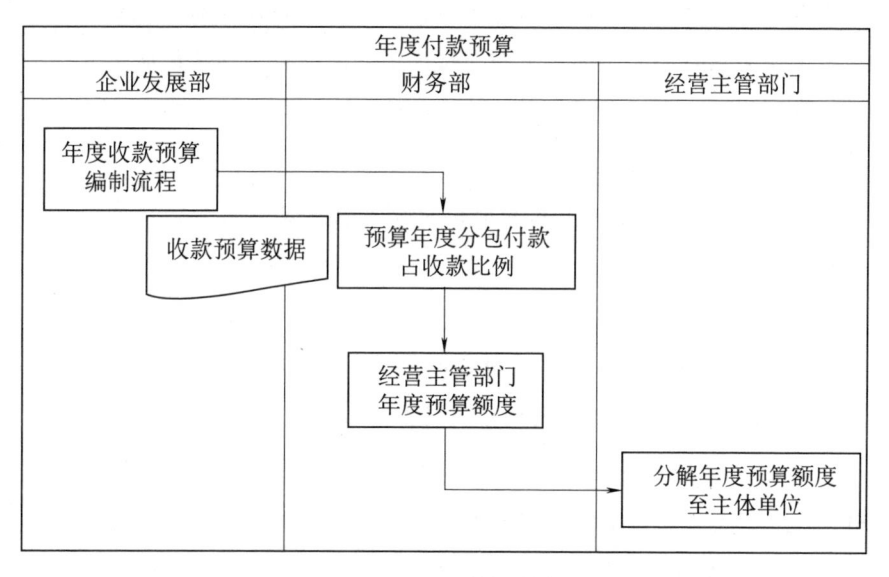

图 3-5　年度付款预算

（2）月度分包付款联动式预算编制流程。月度分包付款联动式预算编制由各预算责任部门、经营主管部门和财务部共同完成。

① 预算责任部门月初编制月度分包付款预算，包括月收款预算数据，提交经营主管部门审批。

② 经营主管部门调整分包付款预算数据，确定合同及付款金额，并判定预算额度是否充足。如有欠缺，需预算责任部门调整；充足则提交财务部。

③ 财务部汇总数据，测算月度付款比例和额度，月底下达实际分

包付款额度。

④ 实际收款与预算有差异时，调整实际分包付款额度；未用完额度顺延至下月，年底结清。

3. 根据合同确定分包付款联动式预算控制方法

施工合同应确保主合同收款大于分包合同付款。预付款按合同约定的条款确定额度。其他付款基于单个合同的收款预算数据和分包合同额占主合同额的比例，依据中期支付证书等证明材料确定额度。

① 预付款：依据合同约定的付款条件，确保单个合同收入大于支出，并据此确定付款额度。

② 其他付款：每次付款需提供中期支付凭证等材料，额度控制公式如下：

年（月）分包付款预算（实际额度）= 累计已收款 + 收款预算（实际）× 分包合同占比 – 累计已付分包款

4. 设计分包付款联动式预算编制表格

乙公司为统一管理各项目分包付款预算，便于财务汇总统计，设计了统一的分包付款联动式预算表，并下发给各单位编制。

（1）年度分包付款预算编制表格。

年度分包付款预算见表 3-1。

表 3-1 施工合同收款预算表

部门：　　　　　年度：　　　　　　　　　　　　单位：万元

序号	主合同编号	对方单位	主合同名称	主合同金额	分包合同合计金额	分包合同占主合同比例	主合同累计已收款	主合同年度收款预算	分包合同累计已付款	年分包付款预算额度
1										
…										
合计										

（2）月度分包付款预算编制表格。

月度分包付款预算见表3-2、表3-3。

表3-2 施工合同收款、分包付款预算表

部门：　　　　　月份：　　　　　　　　　　单位：万元

序号	主合同编号	对方单位	主合同名称	主合同金额	分包合同合计金额	分包合同占主合同比例	主合同累计已收款	主合同月收款预算	分包合同累计已付款	月分包付款预算额度	月付款预算
1											
…											
合计											

表3-3 施工合同收款、预付款预算表

部门：　　　　　月份：　　　　　　　　　　单位：万元

序号	分包合同编号	对方单位	合同名称	合同金额	主合同累计已收款	主合同月收款预算	分包合同累计已付款	合同约定预付款支付条款	月分包付款预算额度	月付款预算
1										
…										
合计										

5. 预算管理中的问题

（1）编制年度及月度分包付款联动式预算，工作量大。

（2）施工合同差异大，不适用统一比例控制。

6. 合理可行的解决方法

（1）加强信息化软件开发，实施合同收付款预算系统模块，减轻编制人员工作负担，提高效率。

（2）调整施工合同预算控制方法，分为预付款和其他分包付款，按合同和中期支付证书金额控制。

从上述案例中，我们深知，企业进行精准的预算管理，首要之务便是熟悉预算的编制流程。然而，仅仅依循流程而行是远远不够的，还需要精选恰当的预算编制方法，同时，在日常工作中还需对预算进行定期的审视与优化，以适应不断变化的市场环境和企业需求。

一、预算的编制流程

一个清晰、准确的预算编制流程，不仅能够显著提升企业的经济效益，更有助于加强企业的内部控制与风险管理，如图3-6所示。企业应深入剖析预算编制的各个环节，充分理解其重要性并精准掌握操作细节。

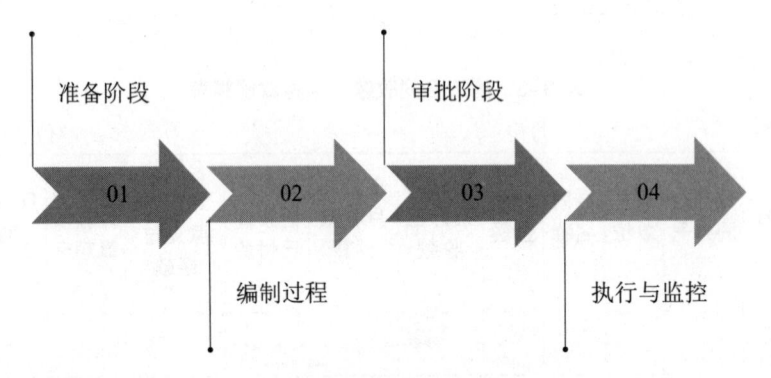

图3-6 预算的编制流程

1. 准备阶段

预算编制的首要环节，是明确预算编制的目标与原则。企业应结合自身的战略发展规划，充分考量市场环境、行业特色等诸多因素，科学制定预算编制的目标。同时，还需确立预算编制的基本原则，如真实性、完整性、合理性等，以确保预算的精准性与可行性。

随后，预算编制人员需广泛收集相关资料和数据，为预算编制提供坚实的基础。这些资料包括但不限于历年财务数据、市场分析报告、行业发展趋势等。通过对这些资料的深入剖析与研究，预算编制人员能够更精准地预测未来的发展趋势,为预算编制提供有力支撑。

2. 编制过程

在预算编制的过程中,企业应根据自身的业务特性与组织架构,灵活选用适宜的预算编制方法。常见的预算编制方法包括增量预算、零基预算、滚动预算等。每种方法都有其独特的优势与适用范围,企业应结合实际情况进行选择。

预算编制的核心在于制定科学合理的预算指标与分配预算资源。预算指标是企业实现战略目标的具体量化体现,涵盖收入、成本、利润等多个方面。预算编制人员需根据企业战略目标与市场环境,合理设定预算指标。同时,还需根据各部门的业务需求,合理分配预算资源,确保资源的有效利用。

在预算编制过程中,预算编制人员还需与各部门保持密切沟通与协调。通过召开预算会议、征求部门意见等方式,确保预算编制的透明性与公正性。同时,还需充分关注各部门的利益诉求,合理调整预算分配,实现企业与各部门的共赢。

3. 审批阶段

预算编制完成后,需提交至企业决策层进行审批。在审批过程中,决策层需对预算编制过程、预算指标的合理性及预算资源的分配进行全面审查与评估。如发现预算编制存在不足或不合理之处,须及时提出修改意见,要求预算编制人员进行调整与完善。

经过审批通过后,预算将正式成为企业下一阶段的经营计划与财务目标。企业需将预算指标层层分解,落实到各部门、各岗位,确保预算的有效执行。

4. 执行与监控

预算编制完成后，执行与监控成为确保预算有效实施的关键环节。企业应建立健全的预算执行和监控机制，定期对预算的实际执行情况进行跟踪与评估。通过对比预算与实际执行情况，及时发现预算执行过程中的问题与偏差，并采取有效措施进行调整与优化。

此外，企业还需加强对预算执行的监督与考核。通过设立预算考核制度，对各部门、各岗位的预算执行情况进行客观评价，激励员工积极参与预算执行，提高预算的执行效果。

二、预算的编制方法

预算编制是企业和组织在财务管理中至关重要的一环，它关乎资源的合理配置、目标的实现，以及经济效益的提升。掌握预算编制方法，不仅有助于提高企业财务管理的效率和准确性，还能为企业的长远发展提供有力保障。预算的编制方法如图3-7所示。

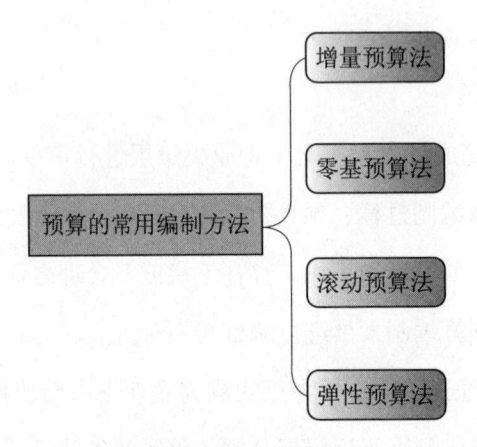

预算的常用编制方法
- 增量预算法
- 零基预算法
- 滚动预算法
- 弹性预算法

图3-7 预算的编制方法

1. 增量预算法

增量预算法是一种在预算编制过程中，基于上一期的预算或实际执行情况，结合预期的变化因素进行调整的方法。这种方法的优点在于简单易行，能够迅速生成预算方案，节省时间和人力成本。然而，增量预算法可能会存在一些不足之处，如过分依赖过去的经验，忽视了外部环境和内部情况可能发生的变化，从而可能使得预算偏离实际情况。

在实际应用中，增量预算法通常适用于那些业务稳定、变化较小的企业。例如，一家传统制造业企业，其生产线、销售模式等相对固定，因此可以基于上一期的预算数据进行适当的调整，以适应下一期的运营需求。但是，对于那些处于快速变化中的企业，增量预算可能就显得捉襟见肘，难以应对各种突发情况。

2. 零基预算法

零基预算法是一种从零开始，对每一个预算项目进行重新评估的预算编制方法。这种方法打破了原有的固定思维，对每一项预算项目都进行重新考虑和评估，以确定其必要性和金额。这种方法的显著优点在于促进资源的有效利用，提高管理者对业务的了解和掌控，激励各部门更加高效地运作，能够发现潜在的成本节约空间。推动企业创新与变革，更有助于企业实现更有效的财务管理和资源优化，提升企业的竞争力和可持续发展能力。缺点是增加工作量，可能因争取预算资源而导致部门之间的竞争和冲突，对于长期规划和稳定性考虑不足。

在实际操作中，零基预算法需要对企业的各项业务进行详细的梳理和分析，找出那些真正有价值的项目，同时剔除那些不必要的开支。这虽然需要投入大量的人力和时间，但长期来看，它有助于企业优化资源配置，提高经济效益。

3. 滚动预算法

滚动预算法是一种动态的预算编制方法，它随着时间的推移，不断调整预算周期和预算内容。这种方法有助于企业更好地应对市场变化和内部运营情况的变化，提高预算的适应性和灵活性。

滚动预算法的核心在于不断更新预算数据，使其始终与企业的实际情况保持一致。例如，上述案例"基于收款滚动预算与分包付款联动式预算管理"随着收款的滚动变化，适时地安排付款进度，使收付款达成联动效果，经营性现金流得到了保障，为实现资源的合理有效配置提供支撑，能有效应对激烈变化的市场环境。

滚动预算就是企业可以根据市场趋势、销售数据等信息，对预算进行适时的调整，以确保预算的准确性和有效性。这种方法尤其适用于那些处于快速变化中的企业，如互联网、科技等行业。

4. 弹性预算法

弹性预算法是一种根据业务量的变化范围，制定不同水平的预算方案的方法。这种方法能够更好地适应企业业务量的波动，提高预算的灵活性和准确性。

在弹性预算法中，企业可以根据历史数据和市场预测，制定出不同业务量水平下的预算方案。当实际业务量发生变化时，企业可以根据实际情况选择相应的预算方案进行调整。这种方法有助于企业在面对市场波动时，保持预算的稳定性和有效性。

综上所述，各种预算方法各有优缺点，在选择预算编制方法时，应根据企业自身的实际情况和需求进行权衡和选择。同时，还应加强预算管理的培训和指导，增强员工的预算管理能力和意识，以确保预算的有效执行和实现预期目标。

三、预算执行中的重要事项提示

预算不仅是企业合理分配资源、提高经济效益的有力工具,更是企业决策的重要依据,有助于企业更好地把握市场动态和竞争态势。在预算编制的过程中,企业需要细心斟酌,确保预算的准确性和可靠性,同时注重预算的可行性和可操作性,关注预算的灵活性和适应性,并加强预算执行的监督和考核,以确保预算目标的实现。

1. 预算数据的准确性和可靠性是预算编制的基础

企业需要确保预算数据的来源可靠、计算准确,避免因为数据错误或失真导致预算偏离实际。同时,企业还需要对预算数据进行深入分析,挖掘数据背后的规律和问题,为预算编制提供有力支持。

2. 预算的可行性和可操作性是预算编制中不可忽视的因素

预算应该结合企业的实际情况和发展战略,制定切实可行的预算方案。同时,预算还需要具备可操作性,即预算方案应该能够具体落地,能够指导企业的实际运营。

3. 预算的灵活性和适应性是企业在预算编制中需要关注的重要方面

随着市场环境和竞争态势的不断变化,企业需要不断调整和优化预算方案,以适应外部环境的变化。因此,预算需要具备一定的灵活性和适应性,能够在不影响整体预算目标的前提下,对部分预算内容进行合理调整。

4. 预算执行的监督和考核是确保预算目标实现的重要保障

企业需要建立健全的预算执行监督和考核机制,对预算执行情况进行定期检查和评估,及时发现和解决预算执行中的问题。同时,企业还需要将预算执行情况与员工的绩效考核相结合,激发员工的积极性和责任感,共同推动预算目标的实现。

总之，预算编制是一个系统而复杂的过程，需要企业全面考虑各种因素，确保预算的准确性和可靠性、可行性和可操作性、灵活性和适应性，并加强预算执行的监督和考核。只有这样，企业才能更好地利用预算这一工具，实现资源的合理分配和经济效益的提高，为企业的可持续发展奠定坚实基础。

第三节　预算执行的魔法时刻：控制与策略

预算的制定仅仅是第一步，如何有效执行预算并实现预期目标，才是预算管理的核心所在。在这个过程中，控制与策略的运用如同魔法般神奇，将预算转化为实际的经济效益。

下面我们将通过一个具体案例来展示这一过程。

案例背景

某中小型制造企业面临市场竞争激烈、成本上升等挑战，预算有限。为了保持竞争力并实现盈利增长，企业管理层决定采取一系列控制与策略措施，将预算合理分配并转化为实际的经济效益。

控制与策略实施如下所述：

1. 预算控制

首先，企业制订了详细的预算计划，对各项费用进行严格把关。通过制定预算额度、设立审批流程及定期审查预算执行情况，企业确保了资金使用的合理性和有效性。此外，企业还采用了成本控制的方法，通过优化生产流程、降低原材料成本等方式减少不必要的支出。

2. 策略部署

在预算控制的基础上，企业制定了针对市场需求的策略。首先，企业通过对市场趋势和竞争对手的分析，确定了目标市场和客户群体。然后，企业根据目标市场的需求和特点，研发了符合市场需求的新产品，并制订了相应的市场推广计划。此外，企业还加强了与供应商的合作，确保原材料的稳定供应和成本优化。

经济效益的实现方式：

通过实施预算控制和策略部署，企业实现了显著的经济效益。具体表现在以下几个方面：

（1）成本降低：通过成本控制和流程优化，企业成功降低了生产成本，提高了盈利能力。

（2）收入增长：通过研发新产品和制订市场推广计划，企业成功开拓了新的市场渠道，实现了销售收入的稳步增长。

（3）竞争力提升：由于预算的合理分配和策略的有效实施，企业在市场竞争中获得了优势地位，提高了市场份额和客户满意度。

总结：

本案例展示了通过控制与策略的运用，如何将预算转化为实际的经济效益。通过预算控制和策略部署的有机结合，企业实现了成本降低、收入增长和竞争力提升等多重目标。这充分证明了控制与策略运用的重要性，为企业的成功奠定了坚实的基础。

一、预算执行过程中的控制

预算控制，顾名思义，是指对预算执行过程进行全面监督和管理的过程。它是企业、政府及其他组织在预算编制和执行过程中，为了确保预算的合理使用、资源的优化配置及预算目标的顺利实现而采取的一系列措施。预算控制的重要性不言而喻，它有助于组织规范财务管理，提高资金使用效率，为组织的可持续发展奠定坚实基础。

1. 预算控制的体现

预算控制是财务管理中的一项重要工作，关乎着企业的经营稳健性和长期发展。在预算控制的过程中，主要体现在以下几个关键方面，如图 3-8 所示。

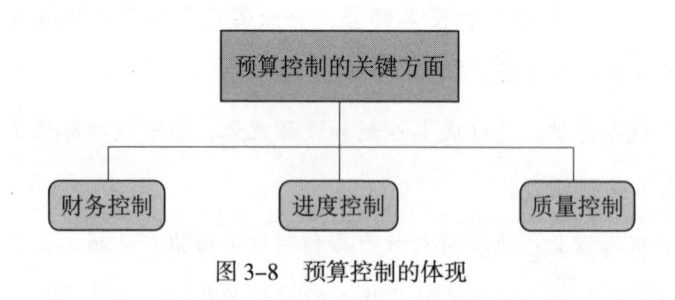

图 3-8 预算控制的体现

（1）财务控制。财务控制包括定期对预算执行情况进行审计和核查，确保预算资金的合规使用。同时，还要关注预算执行情况与计划的差异，及时调整预算分配，以应对可能出现的问题。

（2）进度控制。预算的执行往往需要分阶段进行，因此需要对各阶段的进度进行严密监控。通过比较实际进度与预算进度，可以及时发现进度偏差，并采取相应措施加以纠正。

（3）质量控制。在预算执行过程中，不仅要关注预算资金的合理使用，还要关注预算项目的质量和效果。通过对项目成果的评估，可以确保预算资金的有效利用，并促进组织目标的实现。

2. 实现预算控制目标的措施

预算控制的核心目标是确保预算的合理使用和预算目标的实现。在预算执行过程中，预算控制要求严格遵循预算计划，对各项预算支出进行严格把关，确保各项支出都符合预算规定，避免资金的浪费和滥用。同时，预算控制还需关注预算目标的实现情况，对预算执行情况进行定期评估，及时调整预算方案，以确保预算目标的顺利实现。

为实现预算控制的目标，需要采取一系列有效的措施。首先，要建立完善的预算管理制度，明确预算编制、审批、执行、调整和考核等各个环节的职责和权限，确保预算管理的规范化和制度化。其次，要加强预算执行的监督，建立健全的预算监督机制，对预算执行过程进行实时监控，确保预算资金按照规定的用途和程序使用。此外，还需注重预算管理的信息化建设，通过运用先进的信息技术手段，提高预算管理的效率和准确性。

二、预算执行策略

除了控制，策略的运用在预算执行中同样重要。策略的制定需要根据组织的实际情况和目标需求，结合市场环境和资源状况进行综合考虑。以下是一些关键的策略，如图 3-9 所示。

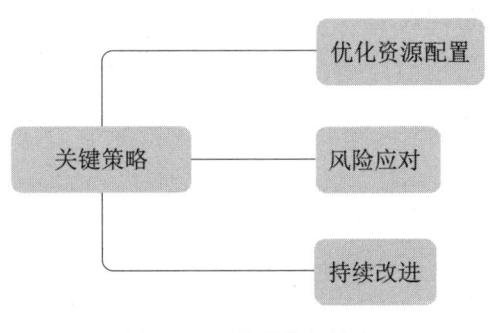

图 3-9　预算的执行策略

1. 优化资源配置

预算执行过程中，应根据项目的优先级和紧急程度，合理分配预算资金。通过优化资源配置，可以确保关键项目的顺利进行，同时避免资源的浪费。

2. 风险应对

预算执行过程中难免会遇到各种风险和挑战，因此需要制定相应的风险应对策略。这包括对可能的风险进行预测和评估，制定相应的预防和应对措施，以确保预算执行的稳定性和可持续性。

3. 持续改进

预算执行是一个动态的过程，需要不断进行调整和优化。通过收集和分析预算执行过程中的数据和经验，可以发现存在的问题和不足，并制定相应的改进措施。通过持续改进，可以提高预算执行的效率和效果，促进组织的持续发展。

总之，预算执行的关键时刻在于控制与策略的运用。通过加强财务、进度和质量控制，可以确保预算的合理使用和目标的实现；而通过优化资源配置、风险应对和持续改进等策略的运用，则可以将预算转化为实际的经济效益，推动组织的持续发展和进步。在这个过程中，我们需要充分发挥控制和策略的作用，将预算执行的每一个环节都做到极致，以达到预算管理的最佳效果。

第四章 成本控制的"瘦身秘籍"

第一节 成本管理：瘦身秘籍的精髓与秘诀

成本管理是指企业在生产经营过程中，通过运用各种管理手段和方法，对各项成本进行预测、决策、计划、控制、核算、分析和考核等一系列活动，以达到降低成本、提高经济效益的目的。这一过程不仅深刻影响企业的财务管理情况和利润水平，更是直接关乎企业竞争力的塑造及长远发展的可持续性。

一、与成本管理相关联的领域

在财务管理过程中，成本管理不仅关系到企业的成本控制，还直接影响企业的利润水平和市场竞争力。然而，成本管理并非孤立无援，它与其他多个领域紧密相连，共同构筑起企业稳健发展的基石。因此，企业必须深入了解和掌握成本管理的相关内容和技巧，以确保企业在激烈的市场竞争中立于不败之地。与成本管理相关联的领域，如图 4-1 所示。

1. 采购管理与成本管理的关系

严谨的采购管理有助于降低采购成本，确保原材料的质量和供应稳定性，为企业的生产活动提供有力保障。在这一环节，企业应加强与供应商的合作，建立长期稳定的供需关系，并利用现代采购技术，实现采购成本的优化。

```
采购管理与成本管理 ┐        ┌ 销售管理与成本管理
                   ┌─────────┐
生产管理与成本管理 ┼┤成本管理 ├┼ 人力资源管理与成本管理
                   │的关联领域│
                   └─────────┘
研发管理与成本管理 ┘        └ 战略管理与成本管理
```

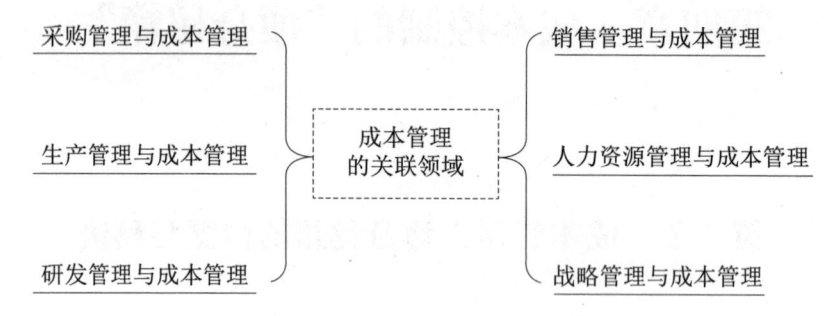

图 4-1 与成本管理相关联的领域

2. 生产管理与成本管理的关系

通过优化生产流程、提高生产效率、降低生产成本，企业可以在激烈的市场竞争中保持优势。此外，加强产品质量管理，减少废品和次品的产生，也是降低生产成本的重要途径。

3. 研发管理与成本管理的关系

企业在研发新产品或改进现有产品时，需要充分考虑研发成本。通过合理安排研发预算、优化研发流程，企业可以在保证研发质量的同时，降低研发成本。此外，与高校和研究机构的合作，也能帮助企业降低研发成本，提高研发效率。

4. 销售管理与成本管理的关系

企业需要根据市场需求和竞争态势，制定合理的销售策略和价格策略，以实现销售收入的最大化。同时，加强销售费用管理，降低销售成本，也是提升销售利润的关键。

5. 人力资源管理与成本管理的关系

企业应通过合理的薪酬体系、激励机制和培训体系，吸引和留住优秀人才，提高员工的工作积极性和创造力。同时，加强人力资源规划，合理控制人工成本，也是降低企业总成本的关键措施。

6. 战略管理与成本管理的关系

企业应根据自身的市场定位、竞争优势和战略目标，制定合适的成本战略。通过优化资源配置、提高资源利用效率，企业可以降低成本，提升竞争力。此外，企业还应关注行业发展趋势和竞争格局，及时调整成本战略，以适应不断变化的市场环境。

二、成本管理"瘦身精髓"的作用

××公司成本管理实践：发挥"瘦身精髓"的作用

1. 背景介绍

××公司是一家中型制造公司，面临市场竞争激烈、利润空间有限等挑战。为了提升竞争力，公司管理层决定在成本管理方面下大力气，力求通过精细化的成本管理实现"瘦身精髓"的作用，即在不降低产品质量和服务水平的前提下，有效降低经营成本，提升经济效益。

2. 成本管理实施过程

（1）成本分析：公司首先组织专门的成本分析团队，对各个环节的成本进行详细分析，找出成本过高的原因和潜在的成本节约点。

（2）制定成本降低目标：根据成本分析结果，公司制定了明确的成本降低目标，并将目标层层分解到各个部门和岗位，确保每个人都明白自己的责任和目标。

（3）实施成本控制措施：公司从采购、生产、销售等各个环节入手，采取一系列成本控制措施，如优化采购流程、降低库存成本、提高生产效率等。

（4）建立成本考核机制：为了确保成本管理的有效实施，公司建立了严格的成本考核机制，将成本控制成果与员工绩效挂钩，激发员工的积极性和创造性。

3. 成果展示

通过一系列成本管理实践，××公司取得了显著的成果：

（1）成本得到有效控制：公司各项成本均实现了明显降低，尤其是采购成本、生产成本等关键指标，均达到行业领先水平。

（2）经济效益显著提升：成本控制成果直接反映在公司经济效益上，公司利润率明显提高，市场竞争力也得到了提升。

（3）员工意识和素质提升：成本管理实践使员工对成本控制有了更深入的认识和理解，增强了员工的成本意识和责任意识。

××公司通过精细化的成本管理实践，充分发挥了"瘦身精髓"的作用，实现了成本的有效控制和经济效益的显著提升。这一案例表明，在现代企业中，成本管理不仅是企业日常运营的重要环节，更是实现成本控制和效益提升的关键所在。成本管理作为成本控制的"瘦身精髓"，其作用大致如图4-2所示。

```
                    ┌── 核心在于实现资源的优化配置
成本管理的三个作用 ──┼── 有助于企业规避风险
                    └── 为企业提供决策支持
```

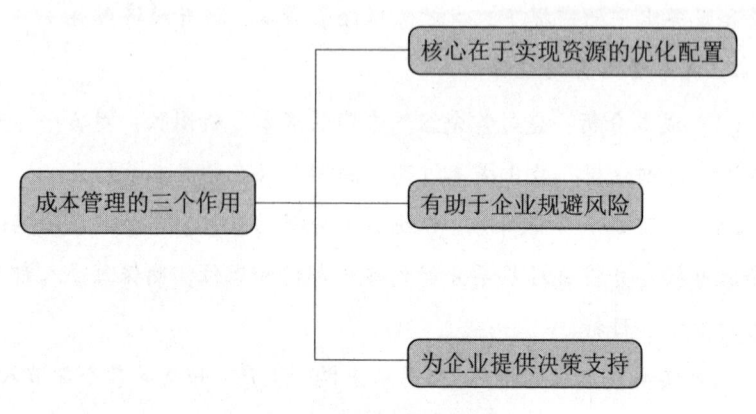

图4-2 成本管理的作用

成本管理的作用具体体现在以下方面：

1. 核心在于实现资源的优化配置

运营过程中，企业需要投入大量的人力、物力、财力等资源。通过成本管理，可以清晰地了解各项成本的构成、变动趋势及影响因素，从而更加精准地把握资源配置的合理性。同时，企业还可以根据成本数据，优化生产流程，调整经营策略，提高资源利用效率，实现降本增效。

2. 有助于企业规避风险

在市场竞争日益激烈的今天，企业面临的风险也日益增多。成本管理可以帮助企业及时发现成本异常波动，从而预警可能存在的经营风险。企业可以根据成本管理提供的信息，制定应对措施，减少风险对企业经营的影响，确保企业的稳健发展。

3. 为企业提供决策支持

在制定企业战略、调整经营计划时，成本管理数据为企业管理层提供了重要的参考依据。通过对成本数据的深入分析，企业可以更加清晰地了解自身的经营状况和市场定位，从而制定出更加合理、科学的经营策略，实现企业的长远发展。

三、发挥"瘦身精髓"作用的有效措施

为了更好地发挥成本管理的"瘦身精髓"作用，企业可以采纳一系列富有针对性的措施，以推动成本管理的全面优化和升级。这些措施旨在构建高效、规范、信息化的成本管理体系，从而确保企业能够在激烈的市场竞争中保持优势地位。发挥成本管理作用的有效措施如图4-3所示。

1. 建立完善的成本管理制度

建立完善的成本管理制度是成本管理的基石。企业应制定详尽的成本管理政策和流程，明确各部门的职责和权限，确保成本管理工作的规范化和制度化。这包括明确成本核算方法、制定成本控制指标、设立成本分析体系等。同时，企业还应建立严格的成本审批和监督机制，确保各项成本费用的合规性和真实性。

```
发挥成本管理作用的     建立完善的成本管理制度
     有效措施          加强成本管理的信息化建设
                      加强成本管理人员的培训和教育
                      鼓励员工参与成本管理
```

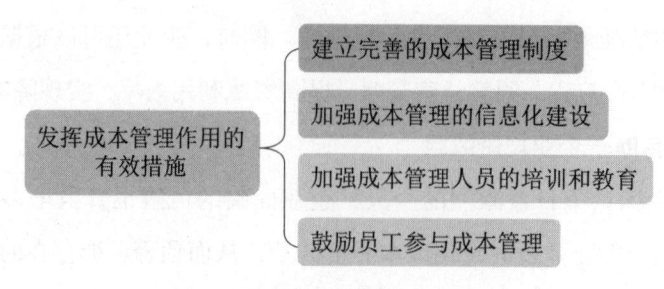

图 4-3　发挥成本管理作用的措施

2. 加强成本管理的信息化建设

加强成本管理的信息化建设是提高管理效率和准确性的关键。企业应充分利用现代信息技术手段，构建成本管理信息系统，实现成本数据的实时采集、处理、分析和监控。通过信息化手段，企业能够更加便捷地掌握成本动态，及时发现成本控制问题，并采取有效措施进行改进。此外，信息化手段还能够提高成本核算的准确性和可靠性，减少人为因素的影响。

3. 加强成本管理人员的培训和教育

加强成本管理人员的培训和教育是提升管理水平的重要途径之一。企业应定期组织成本管理方面的培训和交流活动，提高成本管理人员的专业素养和管理水平。培训内容可以包括成本管理理论、方法、技能等方面的知识，以及行业最佳实践和案例分析等。通过培训和教育，成本管理人员能够更好地理解成本管理的精髓，掌握先进的成本管理方法和技术，为企业的发展贡献更多的力量。

4. 鼓励员工参与成本管理

鼓励员工参与成本管理是形成良好成本管理氛围的重要措施。企业应建立激励机制，鼓励员工积极参与成本管理活动，提出成本控制和优化的建议。同时，企业还应加强成本管理的宣传教育，增强员工的成本意识和节约意识。通过员工的积极参与和共同努力，企业能够形成全员关注成本、共同推动成本管理的良好氛围。

第二节 成本核算：揭秘成本的"瘦身"技巧

在日益激烈的市场竞争中，企业若想立于不败之地，就必须时刻关注自身的成本情况。成本核算作为企业管理的重要环节，对于降低运营成本、提高经济效益具有至关重要的作用。我们需要深入剖析成本核算的"瘦身"技巧，为企业发展注入更多活力。

一、成本核算的工具

在现代企业中，成本核算不仅是一项必要的任务，更是提升企业运营效率、实现利润最大化的重要手段。为了更好地完成成本核算工作，各种专业的成本核算工具应运而生，为企业提供了更加便捷、高效的解决方案。在成本核算过程中，专业的工具发挥着举足轻重的作用。这些工具包括各类软件系统、数据库及相关的硬件设备等，可以帮助企业自动化地处理成本核算数据，减少人工干预和错误，提高核算的准确性。成本核算的工具如图 4-4 所示。

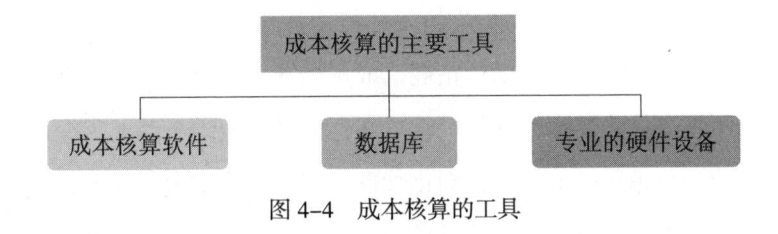

图 4-4 成本核算的工具

1. 成本核算软件

成本核算软件是最常用的工具之一，这类软件可以根据企业的实际需求，定制不同的成本核算方法和报表格式。通过集成企业的各种业务数据，软件可以自动进行成本计算、分析和报告生成，为企业管理层提供实时的成本信息。

2. 数据库

数据库可以存储大量的成本数据，并提供强大的查询和分析功能。通过对数据库中的数据进行深入挖掘和分析，企业可以了解成本构成的详细情况，找出成本控制的关键点，进而制定相应的改进措施。

3. 专业的硬件设备

除了软件和数据库外，还有一些专业的硬件设备可以作为成本核算的辅助工具。例如，扫描设备可以快速识别和处理纸质文档中的成本信息；打印设备则可以将核算结果以书面形式呈现给相关人员。这些设备的引入可以进一步提高成本核算工作的效率和质量。

需要注意的是，成本核算工具的选择和使用需要根据企业的实际情况进行。不同的企业具有不同的业务特点和管理需求，因此应选择适合自身的成本核算工具。同时，企业还应加强对成本核算工具的培训和维护，确保工具的正常运行和数据的准确性。

二、成本核算的"瘦身技巧"

成本核算直接关系到企业的盈利能力和市场竞争力。然而，随着企业规模的扩大和业务范围的拓展，成本核算工作也变得愈发复杂和烦琐。为了提高核算效率并降低核算成本，诸多企业纷纷踏上了探寻成本核算"瘦身秘籍"的征程。精细化管理在成本核算中十分重要，为企业开辟了新领域。同时，供应链管理等策略性技巧也是企业高效核算的关键，它们在优化核算和提升效益方面发挥重要作用。

1. 进行精细化管理

精细化管理对成本核算的深远影响，无疑已为广大企业所共识。然而，在众多企业尝试运用这一高效策略的过程中，却并未如预期般一帆风顺，在落实工作的各个环节中遇到了不少棘手问题。鉴于此，企业亟须正视精细化管理中所暴露出的种种问题，并据此制定出一套切实可行的解决措施，以确保精细化管理能够在企业运营中发挥出更大的作用。

价值工程法在成本核算与控制中的应用

一家大型制造企业为了提升成本控制水平，决定引入"价值工程法"，对生产过程中的各项成本进行精细化核算与控制，从而实现成本优化和效益提升。

1. 背景描述

该企业是一家集研发、生产、销售于一体的大型制造企业，产品涵盖多个领域，市场竞争激烈。为了保持竞争优势，企业一直在寻求成本控制的有效方法。近年来，随着市场竞争的加剧和原材料价格的上涨，企业面临着巨大的成本压力。因此，企业决定引入价值工程法，对生产过程中的各项成本进行精细化核算与控制。

2. 应用价值工程法进行成本核算与控制

（1）识别与分析对象。首先，企业运用"价值工程法"对产品的生产过程进行全面的梳理和分析，识别出关键的成本驱动因素。这包括原材料采购、生产设备、人工成本、能源消耗等多个方面。通过对这些关键成本因素的深入分析，企业能够明确成本控制的重点和方向。

（2）功能分析。接下来，企业进一步对各项成本因素进行功能分析。功能分析是"价值工程法"的核心环节，它要求企业从用户的角度出发，对产品的各项功能进行重新审视和评价。通过功能分析，企业能够发现哪些功能是必要的、哪些功能是过剩的、哪些功能是可以替代的。这有助于企业更加精准地控制成本，同时保证产品的功能和品质不受影响。

（3）成本核算与评估。在功能分析的基础上，企业开始进行成本核算与评估。这包括对各项成本因素的量化分析，以及对成本核算结果的评估和调整。通过成本核算，企业能够明确各项成本的实际发生情况，并与预算进行比较和分析。同时，企业还可以根据成本核算结果，对生产过程中的不合理环节进行改进和优化，进一步降低成本。

（4）制定成本控制策略。最后，企业根据价值工程法的分析结果，制定具体的成本控制策略。这些策略可能包括优化原材料采购渠道、提高设备利用率、降低人工成本、减少能源消耗等多个方面。通过实施这些策略，企业能够在保证产品质量和性能的前提下，实现成本的有效控制和降低。

3. 实施效果与持续改进

通过引入"价值工程法"进行成本核算与控制，该企业在成本控制方面取得了显著成效。具体表现在以下几个方面：

（1）成本降低：通过精细化核算与控制，企业成功降低了生产成本，提高了产品的竞争力。

（2）质量提升：在成本控制的过程中，企业更加注重产品的功能和品质，通过改进和优化生产环节，提升了产品的整体质量。

（3）效率提高：价值工程法的应用促进了企业内部管理的优化和流程的改进，提高了生产效率和运营效率。

为了保持持续改进的动力和效果，企业还将继续加强对"价值工程法"的应用和研究，不断探索更加精准和有效的成本控制方法。同时，企业还将注重培养员工的成本意识和节约意识，形成全员参与成本控制的良好氛围。

通过以上精细化管理措施的实施，该企业有望在成本控制方面取得更加显著的成绩，为企业的持续发展和市场竞争力的提升提供有力保障。

（1）精细化管理存在的问题。在实践中，精细化管理往往被视为提升企业运营效率、实现持续发展的关键环节。然而，这一理念在实际操作中却时常遭遇种种挑战，使得企业在追求精细化管理的道路上步履维艰。管理会计，作为推动精细化管理的重要助力，已然成为最为显著且急需解决的一大挑战，与之相伴的各类问题都需要我们迅速而精准地予以应对。精细化管理存在的问题如图 4-5 所示。

```
精细化管理存在的主要问题
├── 对成本核算人员的素质要求极高
├── 存在数据收集和处理难度大的问题
└── 面临制度不完善、流程不规范等问题
```

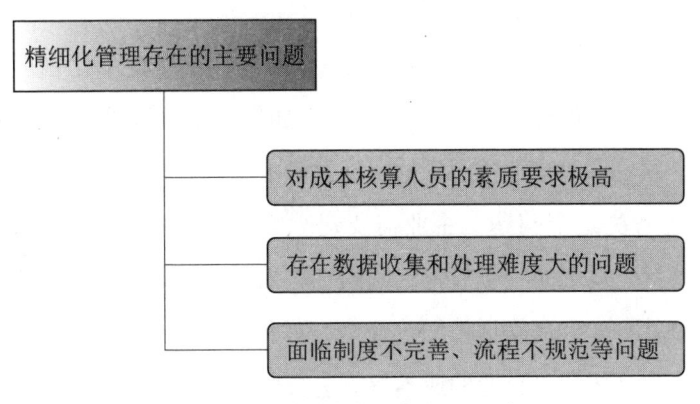

图 4-5　精细化管理存在的问题

① 成本核算人员的素质要求极高。精细化管理要求核算人员不仅要具备扎实的会计基础知识，还需要具备丰富的实践经验和高度的责任心。然而，在实际操作中，我们往往发现，很多核算人员缺乏相关的实践经验和专业素养，导致精细化管理的实施效果不佳。

为了解决这个问题，企业需要加大对核算人员的培训力度。可以

通过定期组织培训班、邀请专家授课、开展经验交流等方式，提高核算人员的专业素养和实践能力。同时，企业还可以建立激励机制，鼓励核算人员积极参与精细化管理的实践，提高他们的工作积极性和责任心。

② 存在数据收集和处理难度大的问题。精细化管理要求核算人员对企业的各项成本进行细致、全面的核算，这需要大量的数据支持。然而，在实际操作中，我们往往发现，企业的数据收集和处理能力有限，难以满足精细化管理的需求。

为了解决这个问题，企业可以引入先进的信息技术手段，如 ERP 系统、大数据分析等，来提高数据收集和处理的能力。通过信息化手段，企业可以实现对各项成本的实时监控和数据分析，为精细化管理提供有力的数据支持。同时，企业还可以建立数据共享机制，加强各部门之间的沟通和协作，提高数据的使用效率。

③ 面临制度不完善、流程不规范等问题。由于精细化管理对成本核算的各个环节都有严格的要求，因此，如果企业的制度和流程不完善、不规范，就会导致精细化管理的实施效果不佳。

为了解决这个问题，企业需要建立完善的成本核算制度和流程。可以通过制定详细的核算规范、明确核算人员的职责和权限、建立内部监督机制等方式，来确保精细化管理的顺利实施。同时，企业还可以引入第三方审计机构对企业的成本核算进行监督和评估，确保核算结果的准确性和可靠性。

2. 关注供应链管理

在现今高度全球化、市场竞争日益激烈的时代背景下，企业的成功往往不仅取决于其产品和服务的质量，更在于如何高效、精确地管理各项资源。其中，供应链管理作为连接供应商、生产商、分销商及最终消费者的关键环节，在成本核算中的作用受到众多企业的关注。

（1）供应链管理对成本核算的正向作用。现如今，供应链管理已经成为企业运营不可或缺的一部分。它涵盖了从原材料采购到最终产品交付给客户的整个流程，涉及多个环节和参与者。在这个复杂的网络中，有效的供应链管理不仅关乎物流的顺畅和效率，更对成本核算产生着深远的影响，如图4-6所示。

```
                          ┌─ 有助于企业实现成本优化
供应链管理对成本 ─────────┼─ 有助于企业提高成本核算的准确性
核算的正向作用            └─ 有助于企业提升市场竞争力
```

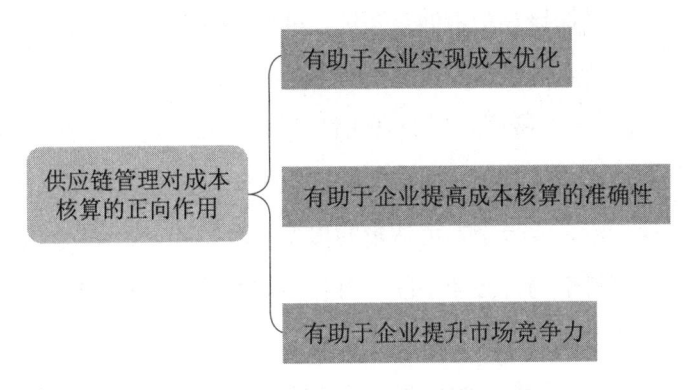

图 4-6　供应链管理对成本核算的正向作用

① 有助于企业实现成本优化。通过精心组织和协调供应链的各个环节，企业能够减少库存积压、降低运输成本、提高生产效率，从而降低总成本。此外，供应链管理还能够促进企业与供应商之间的合作与沟通，共同寻找降低成本的方法，实现双赢。

② 有助于企业提高成本核算的准确性。在供应链管理中，每个环节都会产生一定的成本，如采购成本、运输成本、库存成本等。通过对这些成本的精细核算和分析，企业可以更准确地掌握运营成本，为决策提供支持。此外，供应链管理还能够帮助企业识别并控制潜在的成本风险，如供应商价格波动、运输延误等，从而避免不必要的成本损失。

③ 有助于企业提升市场竞争力。通过优化供应链，企业可以提高产品交付的速度和质量，满足客户多样化的需求。这不仅有助于企业树

立良好的品牌形象，还能增强客户对企业的信任和忠诚度。在竞争激烈的市场环境中，这种竞争优势能够为企业带来更多的市场份额和利润。

（2）供应链管理相关注意事项。在现代企业的运营中，供应链管理的重要性日益凸显，而成本核算作为供应链管理的关键环节，更是需要引起我们足够的重视。在进行成本核算的过程中，企业还需关注若干重要问题，以确保核算结果的真实性、准确性及时效性，进而为企业决策提供有力支持。

① 要确保成本核算数据的真实性和准确性。真实准确的数据是制定有效供应链策略的基础，而成本核算数据一旦失真或遗漏，便可能导致决策失误，给企业带来不可估量的损失。因此，企业在进行成本核算时，需要采用科学的方法和手段，对各项数据进行严格审核和校验，以杜绝数据造假或误差现象的发生。

② 成本核算的时效性同样不可忽视。时效性是指数据能够及时反映企业的运营状况，为决策者提供最新、最准确的信息。在快速变化的市场环境中，及时获取并分析成本核算数据，有助于企业迅速应对市场变化，调整供应链策略，保持竞争优势。因此，企业需要建立一套高效的数据采集、处理和分析机制，确保成本核算数据能够及时更新并反馈给决策者。

③ 随着科技的飞速发展，越来越多的企业开始采用先进的供应链管理技术以提高成本核算的效率和精度。例如，大数据分析技术可以帮助企业深入挖掘成本核算数据中的价值信息，揭示隐藏在数据背后的规律和趋势；物联网技术则可以实现供应链的实时监控和预警，确保数据收集的及时性和准确性。这些技术的应用不仅提高了成本核算的效率和精度，还为企业带来了更多的商业价值和创新机会。

第三节　成本控制：实战瘦身，轻松驾驭

有效的成本控制不仅可以提高企业的盈利能力，还可以增强企业的市场竞争力。因此，深入探讨财务管理中的成本控制，对于提高企业经济效益和市场竞争力具有重要意义。成本控制是企业为实现既定经营目标，对生产经营过程中的各种耗费进行科学预测、计划、控制和考核的一种管理活动。其核心目的在于降低成本、提高经济效益。然而，要实现这一目标，需要综合运用各种成本控制方法，并结合企业实际情况，制定出符合自身发展需要的成本控制策略。

某中型制造公司 A，在过去几年中，随着市场需求的增长，业务规模不断扩大。然而，在快速扩张的过程中，公司逐渐暴露出成本控制不力的问题，导致利润率逐年下滑。为了扭转这一局面，公司决定加强财务管理中的成本控制。

◆ 问题痛点

1. 采购环节

A 公司的原材料采购存在价格不透明、供应商管理不规范等问题，导致采购成本偏高。

2. 生产环节

生产过程中存在浪费现象，如设备维护不当导致的生产效率低下，员工操作不规范引起的材料损耗等。

3. 销售环节

市场推广费用较高，但效果不佳，销售佣金支出也缺乏有效监控。

◆解决方案

1. 采购成本控制

（1）建立供应商评价制度，定期对供应商进行绩效评估，选择性价比高的供应商合作。

（2）实施集中采购策略，提高采购规模，降低单位采购成本。

（3）利用信息化手段，建立采购管理系统，实现采购过程透明化，避免腐败现象。

2. 生产成本控制

（1）加强设备维护管理，确保设备正常运转，提高生产效率。

（2）制定详细的操作规范，对员工进行定期培训，减少人为因素造成的浪费。

（3）实施精益生产理念，优化生产流程，降低生产成本。

3. 销售成本控制

（1）优化市场推广策略，注重效果评估，减少无效投入。

（2）建立健全销售佣金管理制度，确保佣金支出合理有效。

（3）加强客户关系管理，提高客户满意度，降低客户流失率。

◆实施效果

（1）采购成本明显降低，原材料质量得到保障，与供应商的合作更加稳定。

（2）生产过程中的浪费现象得到有效控制，生产效率明显提高，产品质量稳步提升。

（3）销售成本控制得当，市场推广效果提升，销售佣金支出更加合理。

本案例展示了财务管理中的成本控制对企业发展的重要性。通过加强采购、生产和销售等环节的成本控制，企业可以有效地提高资源利用效率，降低成本支出，提升盈利能力。因此，企业应重视成本控制工作，建立科学的成本控制体系，为企业的稳健发展提供有力保障。

一、成本控制的重要性

在财务管理中，成本控制更是占据着无法取代的地位，其作用主要体现在有助于企业实现盈利目标、提升管理效率和保证竞争优势，如图 4-7 所示。对一个企业来说，如果不能进行正确有效的成本控制，就相当于在财务管理过程中没有跨过一道关卡，所以成本控制是必须完成的一项任务。

```
                          ┌─ 有助于企业实现盈利目标
            成本控制的重要性 ─┼─ 有助于提升企业的管理效率
                          └─ 有助于企业在竞争中保持优势
```

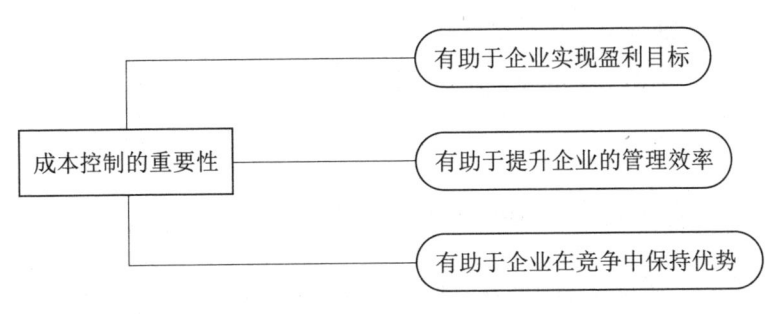

图 4-7　成本控制的主要体现

1. 有助于企业实现盈利目标

企业的盈利是通过销售产品或提供服务获得的收入减去相关的成本得到的。如果成本过高，即使企业的收入不错，也可能难以实现盈利。因此，通过有效地控制成本，企业可以在保持收入稳定的同时，降低经营成本，从而增加净利润。例如，某制造企业通过优化生产流程、提高设备利用率等方式降低了生产成本，使得产品的价格更具竞争力，从而增加了市场份额和盈利能力。

2. 有助于提升企业的管理效率

成本控制涉及对各项费用的严格监控和管理，这要求企业建立一套完善的成本控制制度和流程。通过这些制度和流程，企业可以对各项费用进行合理分配和预算，避免资源的浪费和滥用。同时，成本控制还可以促使企业不断改进和优化内部管理，提高管理效率。例如，某餐饮企业通过对食材采购、库存管理、员工薪酬等方面的成本控制，实现了资源的合理配置和有效利用，提高了企业的整体运营效率。

3. 有助于企业在竞争中保持优势

在市场竞争日益激烈的环境下，企业要想脱颖而出，就必须在产品质量、价格、服务等方面形成独特的竞争优势。而成本控制正是实现这一目标的重要手段之一。通过降低成本，企业可以在保证产品质量和服务质量的前提下，提供更具竞争力的价格，从而吸引更多的消费者和市场份额。例如，某电商企业通过精细化的成本控制策略，实现了商品价格的持续优化，吸引了大量消费者，进一步巩固了市场地位。

二、实现成本控制的策略

成本控制并非一蹴而就，而是需要企业采取合理、恰当的策略来付诸实践。因此，能否制定出有效可行的策略显得尤为重要。在财务管理过程中，为了成功实现成本控制，企业可以从加强预算管理、优化供应链管理，以及提高生产效率与产品质量等方面入手。实现成本控制的策略如图 4-8 所示。

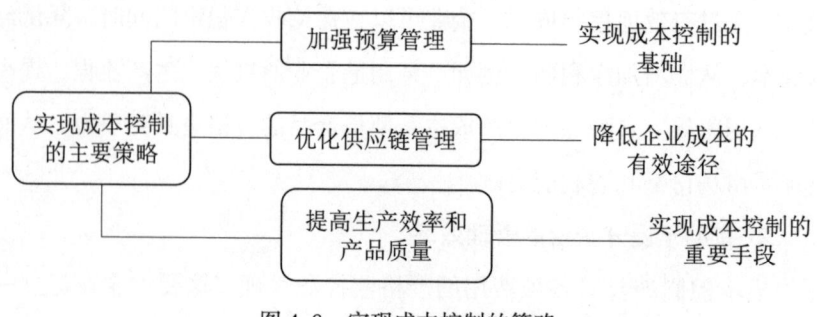

```
                    ┌─ 加强预算管理 ────── 实现成本控制的基础
实现成本控制 ───────┼─ 优化供应链管理 ──── 降低企业成本的有效途径
的主要策略          └─ 提高生产效率和 ──── 实现成本控制的重要手段
                       产品质量
```

图 4-8　实现成本控制的策略

1. 加强预算管理

预算是企业对未来一定时期内收入与支出的预测和计划，通过科学编制预算并严格执行，可以确保企业在运营过程中保持合理的成本水平。在制定预算时，企业应充分考虑市场环境、竞争对手、自身资源等因素，确保预算的合理性和可操作性。同时，预算执行过程中要加强监控和分析，及时发现并纠正预算偏差，确保成本控制目标的实现。

2. 优化供应链管理

供应链涵盖了从原材料采购到产品最终交付给客户的全过程，其中涉及多个环节和多个参与者。企业应通过改进供应商选择、降低采购成本、提高物流效率等方式来优化供应链管理。例如，通过引入竞争机制，选择合适的供应商以降低采购成本；加强库存管理，减少库存积压和浪费；采用先进的物流技术，提高物流配送效率和准确性等。

3. 提高生产效率和产品质量

企业应通过改进生产工艺、引入自动化设备、加强员工培训等方式来提高生产效率，降低单位产品的生产成本。同时，注重产品质量管理，确保产品质量的稳定性和可靠性，避免因质量问题导致的返工、退货等额外成本支出。

三、进行成本控制的方法

成本控制方法繁多且各具特色，这些方法包括了标准成本法、作业成本法及目标成本法等。每一种方法都针对不同类型的企业和不同的成本控制需求设计，因此在实际应用中，企业需要根据自身的实际情况和成本控制目标，选择最适合的方法来实施成本控制。

1. 标准成本法

标准成本法是一种在成本管理领域得到广泛应用的方法。该方法适用于产品种类繁多、生产工艺复杂的企业。通过设定成本标准，企业能够清晰地了解每个产品或者服务在标准生产条件下的成本情况，并对实际成本与标准成本进行比较，分析成本差异的原因，从而有针对性地进行成本控制。标准成本法有助于企业建立起一套完善的成本控制体系，为企业的决策提供有力的数据支持。

2. 作业成本法

作业成本法主要适用于生产过程较为简单、作业环节清晰的企业。该方法通过明确作业环节和作业成本，能够准确核算出每个产品或服务的成本，并帮助企业识别出成本消耗的瓶颈环节，从而采取有针对性的成本控制措施。此外，作业成本法还能够提高企业的成本核算精度，为企业的成本管理提供更加可靠的依据。

3. 目标成本法

目标成本法强调以市场需求为导向，通过设定目标成本，推动企业在产品设计和生产过程中不断降低成本。该方法有助于企业在激烈的市场竞争中保持成本优势，提高产品的市场竞争力。

在选择成本控制方法时，企业还需要考虑自身的行业特点、组织架构、管理体系等因素。例如，一些制造型企业可能更倾向于采用标准成本法来建立成本标准和控制体系；而一些服务型企业则可能更适合采用作业成本法来核算服务成本。此外，随着科技的发展和企业管理的创新，新的成本控制方法也在不断涌现，如基于大数据和人工智能的成本控制技术等，这些新技术和新方法也为企业提供了更多的成本控制选择。

第五章 资本结构与筹资的"金融迷宫"

第一节 资本结构：迷宫地图与指南

在进行复杂烦琐的财务管理工作期间，资本结构无疑是企业家、投资者及财务分析师们必须掌握的重要概念。然而，对于许多初学者来说，资本结构往往如同一个迷宫，让人捉摸不透，此时从分析与了解资本结构入手不失为明智之举。与此同时，企业应该铭记掌握资本结构核心概念的初衷是促进发展。

一、深入了解资本结构

在探讨财务管理和企业经营策略时，资本结构是一个不可或缺的重要概念。了解资本结构的内涵、影响因素及其对企业发展的影响，对于投资者、经营者及金融分析师等各方都具有重要的指导意义。

1. 资本结构的定义

资本结构是指企业各种资本的构成及其比例关系，它反映了企业的融资策略和资产分布。通常，企业的资本可以分为权益资本和债务资本两大类。权益资本主要包括股东的投入资金，如股本、资本公积、盈余公积等；而债务资本则指企业通过借款、发行债券等方式筹集的资金。

2. 影响资本结构的因素

关于资本结构的诸多影响因素，我们究竟应该关注哪些方面呢？

这是每一位企业经营者和投资者都需要深入研究和思考的问题。资本结构，即企业资本的组成与分布，直接关系到企业的稳定与发展。因此，我们需要从多个维度全面剖析资本结构的影响因素（图 5-1），为企业的健康发展提供有力支持。

```
                          ┌── 企业的战略目标
                          │
影响资本结构的主要因素 ────┼── 企业的行业特性
                          │
                          │                      ┌── 市场环境
                          │                      │
                          └── 其他重要因素 ──────┼── 税收政策
                                                 │
                                                 ├── 法律法规
                                                 │
                                                 └── ……
```

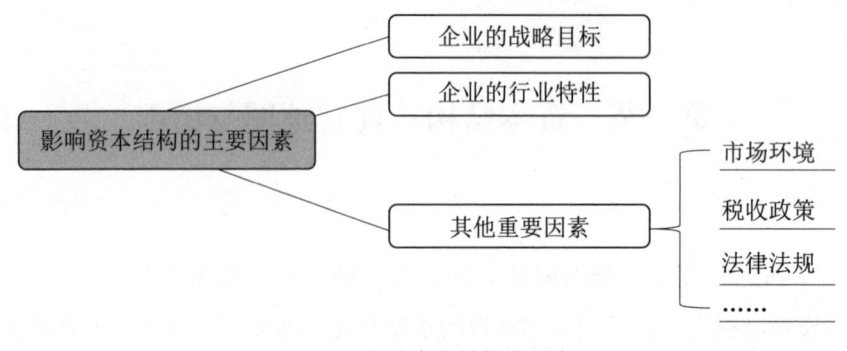

图 5-1　影响资本结构的因素

（1）企业的战略目标。企业的战略目标无疑是其资本结构的决定性因素之一。比如，一个立志于高速增长的企业，为了支持其宏大的扩张计划，往往会倾向于增加债务资本，以此获得更多的资金支持；相反，一家以稳定经营为核心的企业，则可能更加注重保持较低的债务水平，以维护稳健的财务状况。

（2）企业的行业特性。企业的行业特性同样对资本结构产生着深刻的影响。诸如制造业等资本密集型行业，由于需要大量的固定资产投资，往往会拥有较高的债务水平，以此满足其持续的运营和发展需求。

（3）其他重要因素。市场环境、税收政策及法律法规等因素也在不同程度上对资本结构产生直接或间接的影响。市场环境的好坏直接关系到企业的融资成本和融资渠道的畅通程度；而税收政策和法律法规则可能影响到企业的税收负担和资本结构的合规性。因此，在构建和优化企业资本结构时，我们需要综合考虑这些内外部因素，以实现企业价值和风险的最优平衡。

二、资本结构影响着企业发展

某企业分析资本结构而促进发展案例分析

1. 背景介绍

某企业自成立以来，专注于研发与生产诸多创新创意产品，逐渐在市场中占据了一席之地。然而，随着市场竞争的加剧和技术的快速发展，企业面临着资金压力和扩张需求，急需通过优化资本结构来推动企业的持续发展。

2. 资本结构分析

在优化资本结构之前，企业对其现有资本结构进行了深入分析。通过查阅企业财务报表和相关资料，发现企业存在以下问题：

（1）负债水平过高：企业负债占比较高，导致财务风险较大，限制了企业的融资能力。

（2）股权结构不合理：企业股权较为分散，股东间存在利益不一致的问题，影响了企业的决策效率和治理水平。

3. 优化资本结构措施

针对上述问题，企业采取以下措施来优化资本结构：

（1）降低负债水平：通过发行股票、引入战略投资者等方式，筹集资金以偿还部分债务，降低负债水平，减轻财务压力。

（2）调整股权结构：通过定向增发、股权激励等方式，优化股权结构，使核心股东利益更加一致，提高决策效率和治理水平。

4. 最终展现效果

经过资本结构的优化，企业取得了显著的成效：

（1）财务状况改善：负债水平降低，财务风险得到控制，企业财务状况明显改善。

（2）融资能力增强：随着股权结构的优化，企业吸引了更多投资者的关注，融资能力得到提升，为企业未来发展提供了资金支持。

（3）业务发展加速：资本结构的优化为企业提供了更多的发展机会，企业加大了研发和生产投入，推动了业务的发展。

上述案例表明，资本结构对企业的发展具有重要影响。通过优化资本结构，可以降低财务风险，增强融资能力，推动企业的持续发展。因此，企业应重视资本结构的优化，根据自身情况选择合适的融资方式和股权结构，以实现企业的长远发展。

在实际操作中，企业应根据自身的经营情况和市场环境，不断调整和优化资本结构。例如，在市场环境宽松、融资成本较低时，企业可以适当增加债务资本以降低融资成本；而在市场环境收紧、融资难度加大时，企业则应更注重保持稳定的权益资本结构，以应对可能的资金压力。

另外，企业还可以通过多元化融资渠道、优化债务结构、加强风险管理等方式来完善其资本结构。例如，通过发行可转换债券、认股权证等创新型融资工具，企业可以在保持债务水平的同时，吸引更多的权益资本投入；通过优化债务期限结构，企业可以降低偿债压力，提高资金使用的灵活性；通过加强风险管理，企业可以及时发现和应对潜在的风险因素，确保资本结构的稳健性。

三、分析理解资本结构

在明确知晓优化资本结构有利于企业发展的情况下，如何深入理解和全面分析企业的资本结构成为一项既具有挑战性又至关重要的任务。通过对资本结构进行深入剖析，我们可以从多个维度切入，诸如股权结构与负债结构的平衡、资本成本的考量与最优资本结构的探寻，以及资本结构的调整与优化策略等。这样的分析将有助于我们更加全面、深入地理解企业的财务状况，从而为企业决策提供更加有力的支持。

1. 股权结构与负债结构

股权结构主要关注企业所有者权益的构成，包括各类股东的持股比例、股东间的权益关系等。负债结构则主要关注企业的债务类型和债务期限，如短期借款、长期借款、债券等。通过对股权结构和负债结构的分析，可以了解企业的资金来源、偿债能力，以及财务风险水平。

2. 资本成本与最优资本结构

资本成本是企业为筹集资金所付出的代价，包括股权资本成本和债务资本成本。企业需要权衡各种融资方式的成本，选择成本最低的融资方式。同时，企业需要寻求最优的资本结构，以实现企业价值的最大化。最优资本结构的确定需要考虑市场环境、企业发展战略及财务状况等多种因素。

3. 资本结构调整与优化

随着市场环境的变化和企业自身发展的需要，企业可能需要调整其资本结构。例如，当企业面临偿债压力较大时，可以通过发行新股或增加债务融资来优化资本结构。资本结构的调整需要遵循相关法律法规和会计准则，确保合规经营。

第二节　筹资决策：迷宫探险之旅

筹资决策，指的是企业在发展过程中，根据资金需求，以及市场环境等因素，选择适当的筹资方式，以获取资金用于企业的运营和发展。一个明智的筹资决策不仅能够满足企业的资金需求，还能够优化企业的资本结构，提升企业的经济效益。

一、如何进行财务管理中的筹资决策

筹资决策不仅关乎企业资金的筹集和运作，还与企业的长期发展战略、风险控制、经营效率等方面密切相关。因此，正确地进行筹资决策，对企业的运营和成长有着至关重要的作用。通常情况下，进行筹资决策需要明确基本的流程，并且还需要了解其核心所在。

1. 筹资决策的基本流程

筹资决策是企业在运营过程中面临的一项重要任务，它涉及资金需求的确定、筹资渠道的筛选、筹资方案的评估及最终决策的实施等多个环节，如图5-2所示。下面将对筹资决策的流程进行深入的分析与论述，以展示其全面性和重要性。

确定资金需求 → 选择筹资渠道 → 对筹资方案进行评估 → 实施阶段

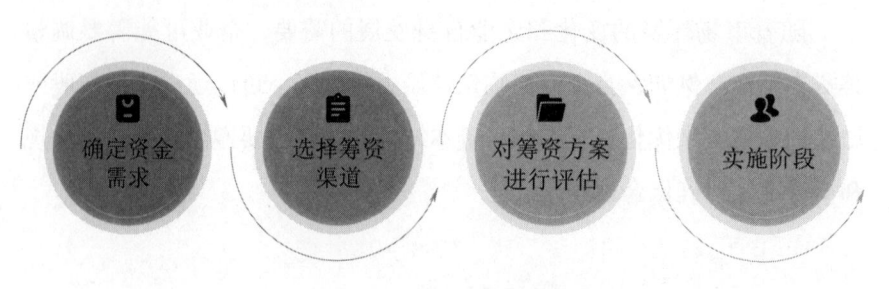

图5-2　筹资决策的流程

（1）确定资金需求。企业在制订筹资计划时，需要明确自身的资金需求，这包括长期资金需求和短期资金需求。长期资金需求主要涉及企业的扩张、研发投入，以及固定资产投资等方面；而短期资金需求则包括日常运营、原材料采购，以及偿还短期债务等。为了准确确定资金

需求,企业需要充分了解自身的业务规模、市场状况,以及未来发展计划,以便制定出合理的筹资方案。

(2)选择筹资渠道。企业可以从多种筹资渠道中选择适合自身的方式,如银行贷款、发行债券、股权融资等。每种筹资渠道都有其特点和适用场景,企业需要综合考虑自身的财务状况、筹资成本、筹资风险等因素,以选择最适合自己的筹资方式。同时,企业还需要关注不同筹资渠道的监管政策和法律法规,确保筹资活动合法、合规、合理。

(3)对筹资方案进行评估。在制定筹资方案时,企业需要综合考虑筹资成本、筹资期限、筹资风险等因素,并对其进行定性和定量的分析。同时,还需要对筹资方案可能对企业财务状况、经营成果,以及未来发展战略产生的影响进行评估,以便制定出最优的筹资方案。

(4)实施阶段。企业需要按照筹资方案的要求,积极落实各项筹资活动,确保资金按时、足额到位。在筹资实施过程中,企业还需要密切关注市场变化和筹资风险,及时调整筹资策略,以确保筹资活动的顺利进行。

企业需要全面考虑各种因素,制定出合理的筹资方案,并积极落实各项筹资活动,以确保企业能够获得足够的资金支持,实现稳定发展和持续盈利。同时,企业还需要不断关注市场变化和筹资风险,灵活调整筹资策略,以应对可能出现的挑战和机遇。

2. 筹资决策的核心

筹资决策的核心在于平衡资金需求和筹资成本。企业应根据自身的资金需求和经营情况,合理确定筹资规模。在筹资成本方面,企业应充分了解各种筹资方式的成本差异,并综合考虑筹资风险、资本结构等因素,以选择最优的筹资方案。此外,企业还需要关注资金使用的效率,确保筹集的资金能够用于最有利于企业发展的方面。

3. 筹资决策的操作关键

在实际操作中，企业可以通过多种渠道进行筹资。例如，向银行贷款是一种常见的筹资方式，具有成本相对较低、筹资规模较大的优点。然而，银行贷款通常需要企业提供担保或抵押物，并需要按时还款，因此企业在选择这种方式时需要充分考虑自身的还款能力。此外，发行债券、股票等也是企业常用的筹资方式，这些方式具有筹资期限长、筹资规模大的优点，但也需要承担较高的筹资成本和相应的市场风险。

为了更好地进行筹资决策，企业还可以借助一些现代化的财务管理工具和手段。例如，通过财务分析软件，对各种筹资方案进行定量评估，以便更准确地了解各种方案的收益和风险情况。同时，企业还可以利用数据分析技术，对市场环境、行业趋势等进行深入研究，以便更好地把握筹资的时机和方式。

最后，值得一提的是，筹资决策并不是一次性的工作，而是一个持续的过程。企业需要定期评估筹资方案的执行情况，并根据实际情况进行调整和优化。同时，还需要关注市场环境的变化和自身经营情况的发展，及时调整筹资策略，以适应不断变化的市场环境和企业需求。

二、筹资决策中不同筹资方式的优缺点

不同的筹资方式会对企业的财务结构、经营成本和风险控制等方面产生不同的影响。企业应该详细了解其优缺点，以便能够根据自身实际情况和需求，选择最适合的筹资方式。而常见的筹资方式包括股权筹资、债券筹资、众筹等。

1. 股权筹资

股权筹资是指企业通过发行股票或向现有股东增资扩股的方式筹集资金。这种筹资方式的优点在于，不需要定期偿还本金和利息，从而

降低了企业的财务风险。同时，股权筹资还能够为企业带来长期稳定的资金来源，有利于企业扩大经营规模和提升市场竞争力。然而，股权筹资的缺点也较为明显，如容易稀释股东权益，导致控制权分散；融资成本高，还可能引发股价波动，影响企业声誉和投资者信心。

2. 债权筹资

债权筹资主要包括向银行或其他金融机构贷款、发行债券等。这种筹资方式的优点在于，相对于股权筹资，债权筹资不会稀释股东权益，有利于维护企业控制权。此外，债权筹资的成本相对较低，因为利息支出可以在税前扣除，起到税盾效应，降低了企业的税收成本。然而，债权筹资的缺点在于，企业需要承担到期还本付息的责任，若经营不善或市场环境恶化，可能导致企业陷入财务困境。

3. 众筹

众筹是指通过互联网平台，将众多小额投资者的资金汇集起来，为项目或企业提供资金支持。众筹的优点在于，可以降低筹资门槛，使更多的小微企业和创意项目得以获得资金支持。同时，众筹还有助于扩大企业知名度，吸引更多潜在投资者和合作伙伴。然而，众筹的缺点在于，可能存在信息不对称和欺诈风险，投资者需要谨慎筛选项目，防范投资风险。

三、筹资决策对财务管理的重要性

甲公司筹资决策优化与财务管理提升

甲是一家专注于 AI（人工智能）与大数据技术的创新公司，近年来业务持续增长，但随着规模扩大、资金需求增加，筹资决策成关键。

过去，公司主要依靠银行贷款和风险投资筹资，导致带来较高的利息负担和股权稀释，由于缺乏系统规划，资金短缺时常影响运营。为改善此状况，公司优化了筹资决策、深入分析了市场环境和财务状况、明确了筹资目标和规模，同时，也结合战略和风险偏好，制定了多元筹资策略，包括探索新筹资渠道。

实施新策略时，公司注重与投资者沟通合作，传递公司价值和发展潜力，成功吸引了更多资金支持，获得市场反馈和建议。优化后的筹资决策为公司带来显著效益，资金流更稳定，保障日常经营和研发。

在企业的日常运营与发展过程中，筹资决策无疑是财务管理的核心环节之一。筹资决策不仅关乎企业资金流的稳定与健康，还深刻影响着企业战略的实施，以及未来的发展前景。因此，我们可以深入地分析与探讨一下筹资决策在财务管理过程中的重要作用。

1. 筹资决策对于确保企业资金流的稳定至关重要

资金是企业运营的血液，筹资决策直接关系到企业能否获得足够的资金支持，以应对日常经营、扩大生产规模、开展研发创新等需求。合理的筹资决策能够在关键时刻为企业提供及时的资金支持，避免资金短缺带来的运营风险。

2. 筹资决策有助于优化企业的资本结构

资本结构是指企业各种资本的价值构成及其比例关系，它反映了企业的财务风险和融资成本。通过筹资决策，企业可以根据自身发展需求和财务状况，合理选择筹资方式和比例，使企业的资本结构趋于合理。合理的资本结构不仅能够降低企业的融资成本，还有助于提高企业的偿债能力和抗风险能力。

3. 筹资决策还有利于推动企业战略的实施

企业战略的实现需要大量的资金支持，筹资决策能够帮助企业确定资金来源和筹资规模，为战略实施提供坚实的资金保障。同时，筹资决策还可以引导企业关注市场变化和行业动态，从而更加灵活地调整企业战略，以应对复杂多变的市场环境。

4. 筹资决策在财务管理中的重要性还体现在其他方面

筹资决策有助于提升企业的信誉度和市场形象。通过选择信誉良好的筹资渠道和方式，企业能够向市场传递出积极的信息，提升企业的知名度和美誉度。这不仅有助于企业在市场竞争中脱颖而出，还能够为企业吸引更多的合作伙伴和投资者。

第三节　资本成本与筹资策略：迷宫宝藏与陷阱

资本成本，作为投资决策、筹资决策和企业价值评估的重要参数，直接影响到企业的财务结构和未来发展。而筹资策略，则是企业在筹措所需资金时，根据自身的经营状况和市场环境，所选择的资金来源和筹资方式。这两者之间的关系犹如迷宫中的宝藏与陷阱，既有诱人的财富，也暗藏着危险。

一、资本成本的概念

资本成本，简单来说，就是企业为筹集和使用资金而必须支付的代价。这既包括债务资本的成本，如银行贷款的利息，也包括权益资本的成本，即股东期望的投资回报率。资本成本的高低直接反映了企业筹资的难易程度，同时也影响着企业的投资决策。一个合理的资本成本可以帮助企业更准确地评估投资项目的风险和收益，从而作出更为明智的投资决策。

然而，资本成本并非一成不变。它受到多种因素的影响，包括市场风险、企业风险、税收政策等。因此，企业在制定筹资策略时，必须充分考虑这些因素,以确保筹集到的资金成本在可承受的范围之内。

二、筹资策略的选择

筹资策略通常包括内部筹资和外部筹资两种方式。内部筹资主要依赖于企业的自有资金和留存收益,这种方式成本较低,但可能受到企业规模和经营状况的限制。外部筹资则包括债务筹资和股权筹资等多种形式,企业可以根据自身的需求和市场环境选择合适的筹资方式。

但是,筹资策略的选择并非易事。它需要企业在考虑资本成本的同时,还要权衡筹资风险、筹资期限,以及筹资对企业控制权的影响等因素。同时,企业还需要关注市场环境的变化,及时调整筹资策略,以适应不断变化的金融环境。

三、资本成本与筹资策略之间的相互作用

在企业运营中,资本成本与筹资策略是两个密不可分的概念。资本成本是指企业为筹集和使用资金所付出的代价,它反映了资金提供者对风险的预期报酬。而筹资策略则是企业根据经营需要和市场环境,选择合适的筹资方式和渠道,以满足资金需求的过程。这两者之间存在着密切的相互作用,共同影响着企业的财务决策和长远发展。资本成本与筹资策略之间的相互作用,如图 5-3 所示。

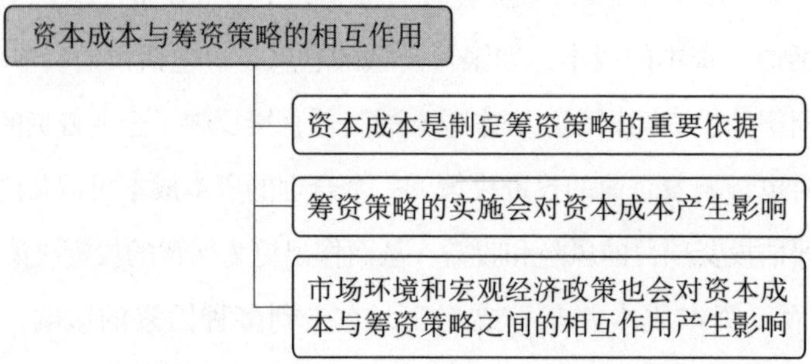

```
资本成本与筹资策略的相互作用
├── 资本成本是制定筹资策略的重要依据
├── 筹资策略的实施会对资本成本产生影响
└── 市场环境和宏观经济政策也会对资本成本与筹资策略之间的相互作用产生影响
```

图 5-3 资本成本与筹资策略之间的相互作用

（1）资本成本是制定筹资策略的重要依据。企业在选择筹资方式时，会综合考虑各种资金来源的资本成本。一般来说，权益资本的成本相对较高，因为股东要求的回报通常要高于债权人。而债务资本的成本相对较低，但企业需要承担一定的财务风险。因此，企业会根据自身的财务状况和经营需要，权衡各种筹资方式的成本，从而选择最合适的筹资策略。

例如，某创业公司，在经历了一段时间的稳步发展之后，为了实现业务的进一步扩张和市场份额的提升，计划筹集资金以支持其未来几年的战略布局。在这一过程中，公司管理层深知筹资策略的制定至关重要，因为它直接关系到公司的资金成本、资本结构和未来发展的可持续性。

在制定筹资策略时，公司管理层对多种资金来源的资本成本进行了深入的分析和比较。他们发现，权益资本虽然能够为公司提供稳定的资金支持，但其成本相对较高，且容易稀释股东的权益。因此，为了降低整体的资本成本，公司决定通过发行债务的方式进行筹资。

债务融资具有成本低廉、灵活性强的特点，能够在短时间内为公司筹集到大量资金。然而，公司管理层也清楚，债务融资并非没有风险。一旦公司无法按期偿还本息，将面临财务风险和信用危机。因此，在债务融资的过程中，公司需要精心安排债务结构，确保债务规模与公司的偿债能力相匹配。

为了平衡风险与成本，公司最终选择了一种混合筹资策略。具体而言，一部分资金通过债务融资筹集，以降低整体的资本成本；另一部分资金则通过权益融资筹集，以保证公司的资本结构和稳定性。这种筹资策略既能够为公司提供充足的资金支持，又能够降低公司的财务风险，实现了资本成本与财务风险的平衡。

在实施这一筹资策略的过程中，公司管理层还积极寻求与金融机构的合作，通过发行债券、银行贷款等方式筹集资金。同时，他们也与投资者进行沟通和协商，寻求更多的权益资本支持。最终，成功筹集到了所需资金，为公司的业务发展注入了新的活力。

通过这一筹资策略的制定和实施，公司在平衡资本成本与财务风险方面取得了良好的效果。这不仅为公司的未来发展奠定了坚实的基础，也为公司的长远发展提供了有力的支持。未来，随着业务的不断发展和扩张，公司将继续优化筹资策略，以更好地满足公司发展的资金需求。

（2）筹资策略的实施会对资本成本产生影响。一方面，企业通过优化筹资结构，降低综合资本成本。比如，企业可以通过发行债券或银行贷款等方式筹集长期资金，以降低短期负债的比例，从而降低综合资本成本。另一方面，企业可以通过提高经营效率、优化资产结构等方式，提升企业的盈利能力，进而降低权益资本成本。这些措施都有助于降低企业的资金成本，提升企业的竞争力。

例如，某制造企业面临着资金短缺的问题，为了扩大生产规模和提高市场竞争力，该企业决定进行筹资。经过仔细分析，企业制定了以下筹资策略：

（1）通过发行债券筹集了部分长期资金。这些资金具有较低的利息率，并且还款期限较长，从而降低了短期负债的比例，减少了因短期债务而产生的利息支出。这一举措有效地降低了企业的综合资本成本。

（2）向银行申请了部分长期贷款。通过优化贷款期限和利率结构，企业成功地降低了贷款成本，进一步减轻了资金压力。

（3）为了提高经营效率和盈利能力，该企业还采取了一系列措施。例如，对生产线进行升级改造，提高生产效率；优化供应链管理，降低采购成本；加强市场营销，提升品牌知名度和市场份额等。这些措施的实施使得企业的盈利能力得到了显著提升，进而降低了权益资本成本。

通过实施上述筹资策略和经营改进措施，该企业的综合资本成本得到了有效降低，资金状况得到了明显改善。同时，企业的盈利能力也得到了提升，为未来的发展奠定了坚实的基础。这一案例充分说明了筹资策略的实施对资本成本的重要影响，以及通过优化筹资结构和经营效率降低资本成本的有效性。

（3）市场环境和宏观经济政策会对资本成本与筹资策略之间的相互作用产生影响。在利率水平较高的市场环境下，债务资本的成本会相应上升，企业可能会更倾向于选择权益筹资方式。而在宏观经济政策收紧的时期，企业可能面临更严格的信贷条件和更高的筹资成本，此时企业需要更加谨慎地制定筹资策略，以降低财务风险。

总之，资本成本与筹资策略之间的相互作用是企业财务管理中的重要问题。企业需要综合考虑各种因素，制定合理的筹资策略，以平衡资金需求和资本成本之间的关系。同时，企业还需要不断优化筹资结构、提高经营效率、灵活应对市场变化，以实现企业的可持续发展。

第六章 投资决策的"投资宝典"

第一节 投资决策：开启投资宝典的第一页

在这个信息爆炸的时代，投资已成为许多人实现财富增值的重要途径之一。然而，面对琳琅满目的投资项目和纷繁复杂的投资环境，如何作出明智的投资决策，成为摆在投资者面前的一道难题。企业想要进一步做好财务管理，就应该意识到投资决策的重要性，同时也需要了解该如何开启投资宝典的第一页。

以流程管控为核心的投资决策体系建设与优化

甲是一家业务布局广泛的综合性企业，面对投资项目分散、亏损严重等多重挑战，果断采取创新行动，重新构建组织架构、优化管理方式并强化流程管控，从而成功建立以流程管控为核心的投资决策体系。

1. 背景描绘

甲企业涉猎路桥、绿化、奶业及金融等多个领域，过往采用子公司自主投资决策模式，然而这种模式导致了资源的严重分散和财务亏损的加剧。此后，企业虽然收回了投资决策权，但重心仍偏向传统业务领域，投资管理缺乏精细化和深入化。

2. 选择以流程管控为核心的原因阐释

甲企业深刻认识到，仅仅依靠简单的审批程序已无法满足当前及未来的发展需求，必须提升投资质量和决策效率。为此，企业明确了基本原则，提出了各领域的操作流程，并选择了以流程管控为核心的投资决策体系，作为提升投资决策效能的关键手段。

3. 应用过程详述

（1）总体思路：甲企业根据自身的发展战略，对组织结构进行了合理调整，制定了清晰的投资指导原则，并建立了系统化的投资决策流程。企业还构建了以董事会为核心的决策管理架构，实现了决策流程的分级化，进一步提升了决策效率。

（2）具体应用流程：甲企业的投资决策体系注重流程管控与投资决策的有机结合，通过完整梳理和构建相关流程，有效降低投资风险，提升决策效率。

（3）组织机构调整：为保障投资决策的顺利实施，企业设立了投资管理部等部门，形成了多层次的组织机构，为投资决策提供了坚实的组织保障。

（4）投资原则确定：甲企业出台了"实施意见"，明确了投资指导原则和内控要求，进一步优化了决策流程，为投资决策提供了明确的指导方向。

通过建立以流程管控为核心的投资决策体系，甲企业成功实现了投资决策的优化与转型，为企业的持续发展和资产保值增值提供了有力支撑。

一、投资决策的重要性

投资决策不仅仅是一个简单的选择过程，它涉及投资者在面临各种投资机会时，如何根据自身的内在禀赋与行业的制胜要素结合起来，科学、合理地评估投资项目的潜力和风险，以及选择最佳的投资时机。

1. **投资决策的基本概念**

投资决策是投资者在评估了多种投资机会后，根据自身的风险承受能力、投资目标和市场环境等因素，对投资项目和投资时机进行选择和判断的过程。在这个过程中，投资者需要充分考虑自身的财务状况、投资期限、风险承受能力等因素，以确保所作出的决策既符合自身的投资目标，又能有效控制风险。

2. **投资决策正确的重要性**

一个企业制定的投资决策并没有明确的正确性评估与保障措施，我们应该清楚地意识到，明智投资决策能够带来益处的同时，错误投资决策也会带来严重的负面效果。投资决策的重要性如图 6-1 所示。

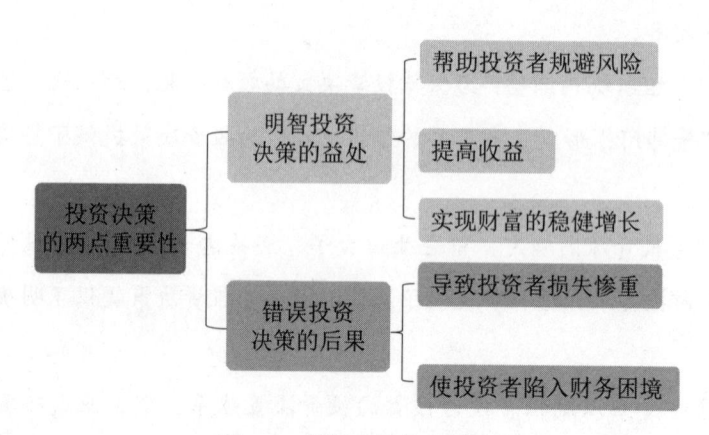

图 6-1 投资决策的重要性

（1）明智投资决策的益处。首先，明智的投资决策能够帮助投资者规避风险。在投资过程中，投资者往往会面临市场风险、信用风险、流动性风险等各种风险。通过充分了解投资项目的潜在风险，并在决策过程中加以权衡和规避，投资者可以大大降低损失的可能性。其次，明智的投资决策能够提高收益。通过选择具有成长潜力的投资项目，并在合适的时机进行投资，投资者有望获得高于市场平均水平的收益。最后，明智的投资决策有助于实现财富的稳健增长。通过科学的投资决策，投资者可以在保障本金安全的前提下，逐步积累财富，实现长期的财务目标。

（2）错误投资决策的后果。首先，错误的投资决策可能导致投资者损失惨重。在投资过程中，如果投资者未能准确评估投资项目的风险或未能在合适的时机进行投资，很可能会导致投资失败，甚至面临巨额损失。其次，错误的投资决策可能使投资者陷入财务困境。在极端情况下，投资者可能因错误的投资决策而背负沉重的债务负担，严重影响其个人或企业的财务状况。为了作出明智的投资决策，投资者需要具备一定的金融知识和投资经验。此外，投资者还应保持冷静和理性，不被市场的短期波动所影响，坚持长期投资的理念。同时，借助专业的投资顾问或金融机构的服务，可以帮助投资者更好地分析投资机会和风险。

二、投资决策须了解的常识

开启投资宝典的第一页需要投资者了解基本的投资知识、评估自身的风险承受能力和投资目标、了解市场环境和行业动态，以及保持冷静和理性。只有这样，投资者才能在复杂的投资环境中作出明智的投资决策，实现财富的稳健增长。

（1）投资者需要了解基本的投资知识。这包括投资的基本概念、投资工具的种类和特点、投资市场的运行机制等。通过学习和掌握这些知识，投资者能够更好地理解投资的本质和风险。

（2）投资者需要评估自身的风险承受能力和投资目标。每个人的风险承受能力和投资目标都是不同的，因此投资者需要根据自己的实际情况来选择合适的投资项目和策略。例如，对于风险承受能力较弱的投资者，可以选择相对稳健的投资项目，如债券、基金等；而对于风险承受能力较高的投资者，则可以考虑投资股票、期货等高风险、高收益的项目。

（3）了解市场环境和行业动态也是投资者开启投资宝典的关键步骤。投资市场变幻莫测，投资者需要密切关注市场动态和行业动态，以便及时调整投资策略和应对风险。例如，在经济增长放缓的时期，投资者可能需要更加关注稳健的投资项目；而在经济繁荣的时期，则可以适当增加对高风险、高收益项目的投资。

（4）投资者还需要保持冷静和理性。投资是一项长期的过程，投资者需要具备足够的耐心和毅力。在面临市场波动和短期亏损时，投资者应保持冷静，不盲目跟风或轻易放弃。同时，投资者还应注重学习和实践，不断提高自己的投资能力和水平。

第二节　投资项目评估：挑选宝藏的秘诀

在经济快速发展的时代，投资决策对企业或个人的发展具有极其重要的影响。投资项目评估作为一种有效的分析工具，能够在决策过程中起到举足轻重的作用。认识到投资项目评估在投资决策过程中的重要性，就需要掌握主要的评估流程和关键环节。

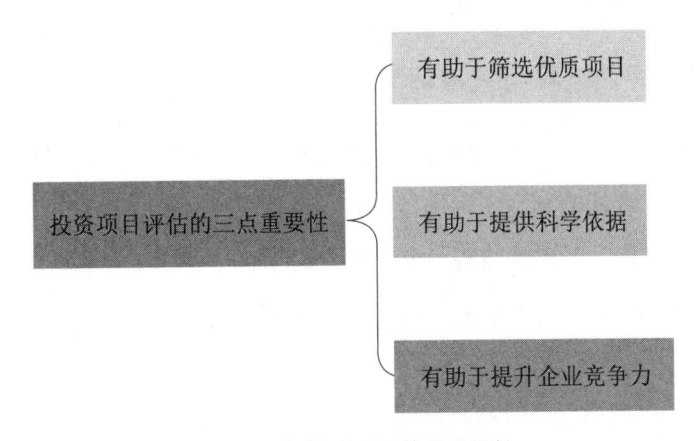

一、投资项目评估的重要性

投资项目评估，顾名思义，是指对潜在投资项目进行全面、系统、科学的分析、比较和评价，以确定项目的可行性、盈利性及风险程度。进行投资项目评估不仅有助于投资者筛选出优质项目，为投资决策提供科学依据，还有助于提升企业竞争力和可持续发展能力。因此，在进行投资决策时，投资者应充分重视投资项目评估工作，确保投资决策的准确性和有效性。投资项目评估的重要性如图6-2所示。

```
                          ┌── 有助于筛选优质项目
投资项目评估的三点重要性 ──┼── 有助于提供科学依据
                          └── 有助于提升企业竞争力
```

图6-2　投资项目评估的重要性

1. 有助于筛选优质项目

投资项目评估有助于筛选出具有潜力的优质项目。通过对项目的市场需求、技术条件、资源状况、预期收益等多个方面进行详细分析，投资者可以更加准确地把握项目的本质和特点，从而识别出真正有价值的投资机会。这有助于避免盲目投资，降低投资风险，提高投资成功率。

2. 有助于提供科学依据

投资项目评估有助于为投资决策提供科学依据。通过对项目的财务、经济、技术等方面进行全面评估，投资者可以更加清晰地了解项目的盈利性、成长性和风险性。同时，评估结果还可以为投资者提供制定投资策略、规划投资期限、分配投资资金等方面的参考依据。

3. 有助于提升企业竞争力

投资项目评估也有助于提升企业的竞争力和可持续发展能力。通过对项目的深入挖掘和分析，企业可以了解行业动态和发展趋势，进而调整战略方向，优化资源配置，提升核心竞争力。同时，在评估过程中还可以发现项目存在的潜在问题和风险，有助于企业及时采取应对措施，确保项目的顺利实施和企业的稳定发展。

二、评估流程与关键环节

在投资项目评估过程中，一个完整的评估流程是至关重要的。它确保了投资者能够全面、系统地分析项目的各个方面。企业应该详细了解投资项目评估的整体流程，并对每个环节的关键要素和操作步骤进行深入探讨。投资项目评估流程如图6-3所示。

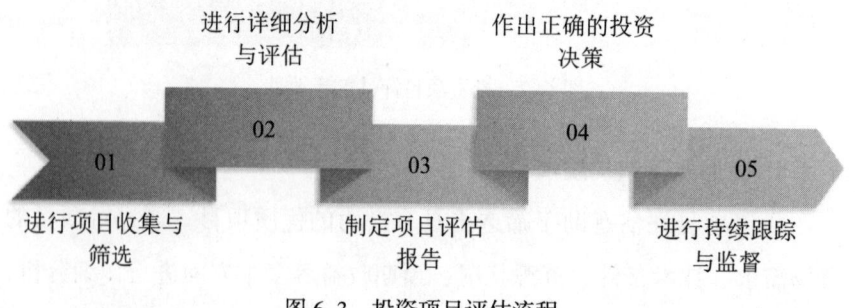

图6-3 投资项目评估流程

1. 进行项目收集与筛选

在投资项目评估的初始阶段，需要进行项目收集与筛选。这一阶段的目标是收集尽可能多的潜在投资项目，并通过对项目的初步分析，筛选出符合投资策略和目标的项目。筛选过程中，投资者需要关注项目的市场前景、技术可行性、团队能力等方面，确保所选项目具有潜在的发展空间和投资价值。

2. 进行详细分析与评估

针对筛选出的项目，需要进行详细的分析与评估。这一环节是整个评估流程的核心部分，需要对项目的各个方面进行深入的研究和分析。具体而言，投资者需要了解项目的商业模式、市场定位、竞争状况、技术优势等关键信息。同时，还需关注项目的财务数据，如营收、利润、成本等，以评估项目的营利能力和风险水平。

3. 制定项目评估报告

在分析与评估的基础上，投资者需要制定项目评估报告。报告应详细阐述项目的基本情况、市场前景、竞争优势及财务数据等信息，并对项目的投资价值和风险进行全面评估。报告需要客观、准确，以便为投资决策提供有力的支持。

4. 作出正确的投资决策

在决策阶段，投资者需要根据评估报告中的分析和结论，综合考虑项目的投资潜力、风险水平，以及自身的投资策略和目标，作出是否投资的决策。这一过程中，投资者需要权衡利弊，审慎决策，确保投资能够带来较好的回报。

5. 进行持续跟踪与监督

在投资项目实施过程中，投资者还需要进行持续跟踪与监督。通过定期收集项目的运营数据和市场信息，评估项目的实际运营情况与预期目标是否相符，及时发现并解决潜在问题，确保投资项目的顺利进行。

总而言之，投资项目评估是一个系统、复杂的过程，需要投资者在各个环节做好充分的准备和细致的工作。通过完整的评估流程，投资者可以更加全面地了解项目的各个方面，为投资决策提供有力支持，降低投资风险，提高投资成功率。

三、案例分析与实践经验

有效的评估能够帮助投资者识别风险、评估回报。然而，评估并非易事，它要求投资者具备深厚的专业知识和实践经验。我们可以通过实际案例的分析，探讨投资项目评估的成功经验和教训，并总结实践经验，提炼出有效的评估方法和策略。

成功的投资案例

某投资者在发现一家具有潜力的初创企业后，决定对其进行投资。然而，他并未急于行动，而是进行了细致入微的尽职调查。首先，他通过查阅相关资料，了解了该企业的基本情况、市场定位、技术专利及财务状况等信息。这些资料为投资者提供了初步的市场分析和风险评估。

其次，投资者与企业创始团队进行了深入的交流。他们探讨了企业的发展战略、盈利模式及市场竞争等问题，同时了解了创始团队的专业背景、经验积累及创新能力。这种面对面的交流有助于投资者更全面地了解企业及其团队的真实情况，从而作出更为准确的判断。

最后，投资者还进行了实地考察。他亲自走访了企业的生产基地、研发团队及市场部门，体验了企业的运营模式和产品特性。这一环节对于投资者来说至关重要，因为它能够弥补资料阅读和交流的不足，使投资者更加直观地感受企业的实际情况。

经过这一系列深入的尽职调查，投资者发现该企业具有巨大的市场潜力。其独特的技术优势和创新产品，使其在竞争激烈的市场中脱颖而出，同时创始团队也展现出了丰富的行业经验和强大的技术实力。因此，投资者最终决定投资该企业。

事实证明，这位投资者的决策是正确的。该企业在获得投资后，不断发展壮大，市场份额逐年攀升，最终获得了可观的利润。投资者也因此获得了良好的回报，实现了双赢的局面。

失败的投资案例

某投资者在初次接触一家企业时，被其独特的业务模式、出色的团队构成，以及充满活力的市场前景所吸引。尽管对于这家企业的深入了解还停留在表面，但他认为这样的企业在当下的市场中一定能够获得不俗的业绩。于是，他毫不犹豫地投入了大量的资金，期待在未来能够收获丰厚的回报。

然而，随着时间的推移，投资者逐渐发现这家企业的实际经营状况远不如预期。首先，企业的市场竞争环境远比想象中更为激烈，竞争对手不仅实力强大，而且拥有更为丰富的资源和经验。此外，企业的业务模式虽然独特，但在实际操作中却遇到了诸多难题，导致业绩始终无法达到预期水平。更为严重的是，企业的管理团队在面临困境时，缺乏足够的应对能力和经验，使得问题愈发严重。

由于投资者在投资前未能充分了解这些问题，导致他在后续的管理和决策中频频受阻。他不得不投入更多的时间和精力来应对各种突发状况，试图挽救企业的困境。然而，由于问题根深蒂固，投资者的努力往往事倍功半，投资回报也远远未能达到预期。

通过对这两个案例的分析，我们可以总结出以下实践经验：

（1）进行充分的尽职调查是投资项目评估的关键。投资者需要对企业的各个方面进行深入了解，包括市场前景、技术实力、财务状况、竞争态势等。只有在对企业有了全面了解的基础后，才能作出明智的投资决策。

（2）投资者需要具备敏锐的眼光和判断力。在评估投资项目时，投资者需要能够识别出真正具有发展潜力的企业和项目，并避免被表面的华丽包装所迷惑。这需要投资者具备丰富的专业知识和实践经验，以及对市场趋势的敏锐洞察力。

（3）建立有效的风险评估机制也是非常重要的。投资者需要对可能面临的风险进行全面评估，并制定相应的风险应对措施。这可以帮助投资者在投资过程中及时发现和解决问题，确保投资项目的顺利进行。

第三节　投资风险管理：保护宝藏，稳步前行

投资总是伴随着风险，没有任何企业能够准确预知投资所带来的所有风险。针对潜在的风险，企业投资者所能做的就是管理风险，即实施投资风险管理。因此，掌握投资风险管理的相关信息对企业制定投资决策具有显著的影响。与此同时，企业投资者也应该掌握风险识别与评估技术，以便更好地开展投资风险管理工作。

一、投资风险管理的概念及重要性

投资风险管理是投资者在投资过程中，对潜在的风险因素进行识别、评估、监控和控制的综合性活动。其核心目标在于保障投资者的资金安

全,实现投资收益最大化,同时降低由于市场波动、政策风险、运营失误等因素导致的潜在损失。

1. 投资风险管理的定义

投资风险管理是一种系统性的过程,它需要投资者对投资活动进行全面的分析,从而揭示出可能存在的风险源。通过对这些风险源的评估,投资者可以制定出相应的风险管理策略,以便在风险发生时能够迅速应对,减少损失。这一过程中,投资者需要运用多种方法和工具,如风险矩阵、蒙特卡罗模拟等,以确保风险评估的准确性和有效性。

2. 投资风险管理的重要性

任何投资行为都伴随着一定的风险。为了有效应对这些风险,保证投资活动的顺利进行,企业必须对投资风险管理给予足够的重视。在深刻理解投资风险管理的核心重要性之际,熟练掌握并运用相关的策略与方针,已然成为我们亟待解决的任务。

投资风险管理的重要性主要表现在以下几个方面:

(1)保障投资安全。投资风险管理的首要任务是保障投资安全。通过对潜在风险的识别与评估,投资者可以及时调整投资策略,避免陷入高风险的陷阱。同时,有效的风险管理措施还能够帮助投资者在风险发生时及时止损,防止损失扩大。

(2)提高投资收益。风险管理并非单纯地避免风险,而是要在风险与收益之间找到平衡点。通过对投资项目的风险评估,投资者可以更有针对性地选择具有潜力的投资项目,从而提高投资收益。同时,通过分散投资、对冲操作等手段,降低单一投资项目的风险,实现稳健的投资回报。

(3)促进市场稳定。投资风险管理对于金融市场的稳定发展具有重要意义。一方面,通过加强风险管理,可以减少因投资者盲目跟风、过度投机等行为导致的市场波动。另一方面，有效的风险管理还有助于提高市场的信息透明度，增强投资者信心，进一步推动市场健康发展。

例如，某大型投资公司近年来积极拓展其投资组合，涉及股票、债券、期货、外汇等多个领域。然而，随着市场环境的不断变化，公司面临的风险也在逐渐增大。为了应对这一挑战，公司决定加强投资风险管理，确保资产安全。

1. 风险管理措施

（1）风险识别与评估：公司首先对其投资组合进行了全面的风险识别与评估，包括市场风险、信用风险、流动性风险等。通过量化分析，明确了各类风险的大小和潜在影响。

（2）风险限额管理：基于风险评估结果，公司设定了各类风险的限额，确保投资组合的风险水平在可承受范围内。同时，还建立了风险预警机制，当风险接近或超过限额时，及时采取措施进行调整。

（3）多元化投资策略：为了降低单一资产的风险，公司采取了多元化投资策略，将资金分散投资于不同领域、不同市场的资产。这样，即使某个领域或市场出现波动，公司整体的投资收益也能保持相对稳定。

（4）风险监测与报告：公司建立了完善的风险监测体系，实时监测投资组合的风险状况。同时，公司还定期向管理层报告风险情况，以便管理层及时了解风险状况并作出相应决策。

2. 风险管理成效

通过实施上述风险管理措施，该投资公司在市场环境波动较大的情况下，依然保持了稳定的投资收益。同时，公司的风险水平也得到了有效控制，避免了因风险失控而导致的重大损失。

本案例充分展示了投资风险管理的重要性。通过有效的风险管理措施，投资公司可以在复杂的市场环境中保持资产安全、实现稳定收益。因此，投资者和机构应充分认识到投资风险管理的重要性，并将其贯穿于投资决策和执行的始终。

为了更好地进行投资风险管理，投资者可以从以下几个方面入手：

（1）增强风险意识。投资者应充分认识到投资风险的存在，树立风险意识，理性对待投资行为。在投资过程中，要时刻关注市场动态和风险因素，以便及时采取应对措施。

（2）建立风险管理体系。投资者应建立一套完善的风险管理体系，包括风险评估、风险预警、风险控制等环节。通过体系化的管理，确保投资风险得到有效控制。

（3）学习风险管理知识。投资者应不断学习风险管理知识，掌握风险管理的方法和技巧。通过学习和实践，不断提高自己的风险管理能力，为投资决策提供有力支持。

二、风险识别与评估技术

风险识别与评估技术是制定投资策略的关键环节，它们能够帮助投资者更加全面地了解潜在风险，从而制定出更为合理和有效的投资方案。企业理应了解风险识别的主要方法和工具、风险评估的技术指标与模型，并探讨风险识别与评估在投资策略制定中的应用。风险识别与评估技术如图6-4所示。

1. 风险识别的主要方法和工具

常见的风险识别方法包括历史数据分析、专家访谈、问卷调查和情景分析等。这些方法可以帮助投资者系统地识别和整理投资过程中可能面临的各种风险。

```
┌──────────┐
│ 历史数据  │
│   分析    │
└──────────┘
┌──────────┐          ┌──────────┐                      ┌──────────┐
│ 专家访谈  │          │          │                      │ 标准差    │
└──────────┘          │ 风险识别的│                      └──────────┘
┌──────────┐          │ 主要方法  │                      ┌──────────┐
│ 问卷调查  │          │          │          ┌──────────┐│ 波动率    │
└──────────┘          └──────────┘          │ 风险识别的│└──────────┘
┌──────────┐                                │ 技术指标  │┌──────────────┐
│ 情景分析  │                                └──────────┘│风险价值(VaR) │
└──────────┘                                             └──────────────┘
┌──────────┐          ┌──────────┐                      ┌──────────┐
│ ……       │          │ 风险识别与│                      │ ……       │
└──────────┘          │ 评估技术  │                      └──────────┘
┌──────────┐          └──────────┘                      ┌──────────────┐
│ 风险矩阵  │                                             │ 蒙特卡罗模拟 │
└──────────┘                                             └──────────────┘
┌──────────┐          ┌──────────┐          ┌──────────┐┌──────────┐
│ 风险图谱  │          │ 风险识别的│          │ 风险评估的││ 历史模拟  │
└──────────┘          │   工具    │          │   模型    │└──────────┘
┌──────────┐          └──────────┘          └──────────┘┌──────────┐
│ 风险库    │                                             │ 极值理论  │
└──────────┘                                             └──────────┘
┌──────────┐                                             ┌──────────┐
│ ……       │                                             │ ……       │
└──────────┘                                             └──────────┘
```

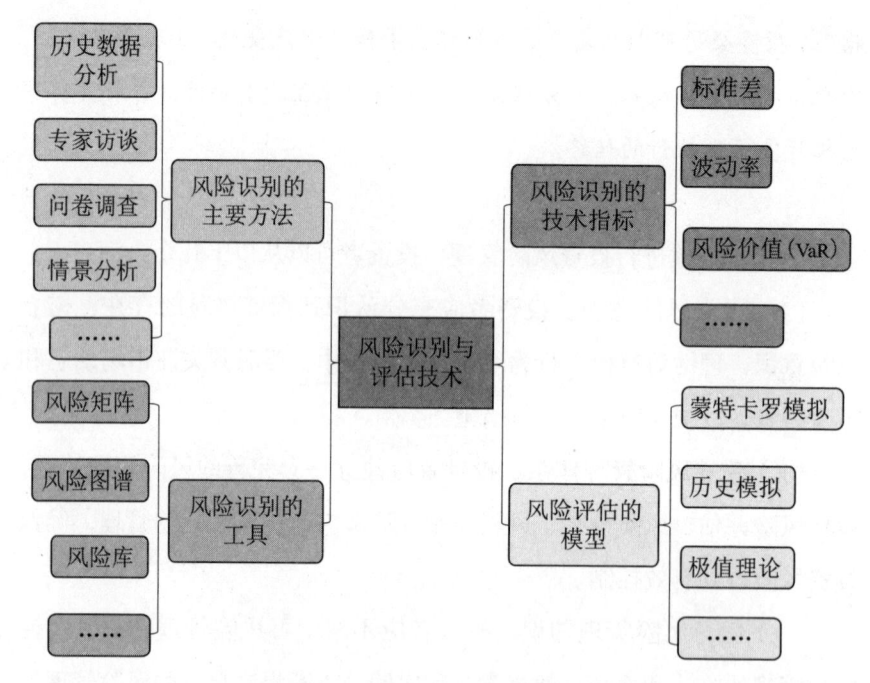

图 6–4 风险识别与评估技术的内容

同时，现代风险管理工具如风险矩阵、风险图谱和风险库等也为风险识别提供了更为便捷和高效的方式。这些工具能够帮助投资者对风险进行量化分析，为后续的风险评估提供有力支持。

2. 风险评估的技术指标与模型

风险评估的技术指标与模型是投资者进行风险量化分析的重要工具。常见的风险评估指标包括标准差、波动率、风险价值（VaR）等，这些指标能够反映投资组合的波动性和潜在损失。

而风险评估模型则更为复杂，包括蒙特卡罗模拟、历史模拟和极值理论等。这些模型能够对投资组合的风险进行更为精确和全面的评估，为投资者提供更加准确的决策依据。

3. 风险识别与评估在投资策略制定中的应用

在制定投资策略时，投资者应充分认识到，风险是投资活动中无法回避的重要一环。只有深入了解潜在的风险因素，并进行科学的评估，投资者才能制定出更为稳健且具有可持续性的投资计划。

（1）投资过程中的风险因素具有多样性和复杂性的特点。从市场风险、信用风险到流动性风险等，这些风险都可能对投资组合的价值和回报产生不同程度的影响。因此，投资者需要具备全面、细致的风险识别能力，以应对潜在风险的威胁。

（2）风险识别过程中，投资者需要对市场状况、行业发展趋势，以及企业的基本情况进行深入了解。例如，关注宏观经济政策、产业政策的变动，分析市场竞争格局和产业链结构，了解企业的经营状况、财务状况和未来发展潜力等。通过对这些信息的搜集和分析，投资者可以初步识别出可能存在的风险因素。

（3）投资者需要对识别出的风险因素进行合理的评估。这一过程需要考虑多个方面，如风险的类型、程度、持续时间及影响范围等。投资者可以采用定性和定量相结合的方法，对风险进行量化分析，以便更准确地评估风险的大小和潜在影响。

（4）通过风险识别与评估，投资者可以制定出更加稳健的投资策略。在策略制定过程中，投资者需要充分考虑风险与收益之间的平衡，避免盲目追求高收益而忽视潜在风险。同时，投资者还可以根据风险评估结果，对投资组合进行优化和调整，以降低风险并提高收益。

例如，针对市场风险较高的投资组合，投资者可以采用分散投资的策略，以降低单一资产波动对整体投资组合的影响。针对信用风险较高的投资品种，投资者可以选择信用评级较高、财务状况稳健的企业进行投资。此外，投资者还可以根据市场状况和行业发展趋势，灵活调整投资组合的配置比例和投资策略。

第七章 流动资金管理的"活水之源"

第一节 流动资金：企业的活水之源

流动资金在保障企业日常运转和稳定发展的同时，也在很大程度上影响着企业的经济效益和竞争力。因此，深入理解和把握流动资金的概念，及其在企业运营中的作用，对于提升企业的财务管理水平和市场竞争力具有重要意义。

一、流动资金的概念及重要性

流动资金是指企业在生产经营过程中，用于购买原材料、支付工资、租金等日常运营支出的货币资金。它是企业赖以生存和发展的"血液"，通过循环往复地流动，支撑着企业的正常运作。流动资金的主要特点在于其流动性强、周转速度快。

一家电商公司的复兴之路

A原本是一家具有一定市场份额的在线零售公司，但由于近年来市场竞争加剧、运营成本上升及供应链问题频发，导致公司陷入了困境。资金链紧张，流动资金严重不足，几乎到了濒临破产的边缘。

公司管理层在危急时刻认识到流动资金的关键性。为了走出困境，他们开始了一系列改革措施：

（1）优化库存管理：公司通过更精确的预测和数据分析，减少了库存量，实现了库存周转率的提升。这不仅降低了库存成本，还减少了资金占用，释放了部分流动资金。

（2）加强应收账款管理：公司改进了应收账款的催收流程，缩短了回款周期。同时，通过加强与客户的沟通，提高了客户满意度，进一步稳定了客户关系，确保了应收账款的稳定流入。

（3）控制成本开支：公司在各项成本开支上进行了严格的管控，减少了不必要的支出。同时，通过与供应商进行谈判，实现了采购成本的降低，进一步缓解了资金压力。

（4）拓展融资渠道：为了补充流动资金，公司积极寻求外部融资。通过银行贷款、股权融资等方式，公司成功获得了资金支持，为企业的复苏提供了动力。

经过一段时间的努力，这家电商公司的流动资金状况得到了显著改善。库存周转率提升，应收账款回流加快，成本得到有效控制，融资渠道得以拓宽。在这些措施共同作用下，公司的经营状况逐渐好转，市场份额也开始回升。

这个案例充分说明了流动资金对于企业经营的重要性。在市场竞争激烈的环境下，企业需要密切关注流动资金状况，采取有效措施加强流动资金管理，从而确保企业稳健发展。

而在企业运营中，流动资金的作用主要体现在以下几个方面：

1. 保障企业日常运营

流动资金是企业日常运营所必需的，它能够满足企业在生产经营过程中的各项基本支出需求。当企业拥有足够的流动资金时，其各项经营活动便能够得以顺利进行，从而实现稳定的发展。

2. 提高企业市场竞争力

在激烈的市场竞争中，企业拥有充足的流动资金，意味着其具备更强的抵御风险能力和应对市场变化的能力。同时，流动资金还可以用于研发创新、拓展市场等方面，从而增强企业的核心竞争力。

3. 优化企业资源配置

通过合理的流动资金管理，企业可以更加有效地配置资源，实现资源的最大化利用。例如，企业可以根据市场需求和自身经营情况，调整流动资金的投入方向和规模，以优化生产结构、提高生产效率。

4. 降低企业财务风险

流动资金的充足程度直接影响到企业的财务风险水平。当企业流动资金短缺时，容易面临资金链条断裂的风险，进而影响到企业的生存和发展。因此，保持足够的流动资金，有助于降低企业的财务风险。

二、流动资金不足可能对企业带来的风险

流动资金是企业日常运营中不可或缺的重要资源，它关乎着企业的正常运转、业务拓展及应对市场变化的能力。然而，当企业面临流动资金不足的问题时，会面临着一系列严重的风险和挑战。流动资金不足可能给企业带来的风险如图7-1所示。

```
                    ┌──────────────────────┐
                    │ 影响企业的生产经营活动 │
                    └──────────────────────┘
┌──────────────────┐ ┌──────────────────────┐
│ 企业流动资金不足的风险 │─│ 加大企业的财务风险    │
└──────────────────┘ └──────────────────────┘
                    ┌──────────────────────┐
                    │ 引发连锁反应风险      │
                    └──────────────────────┘
```

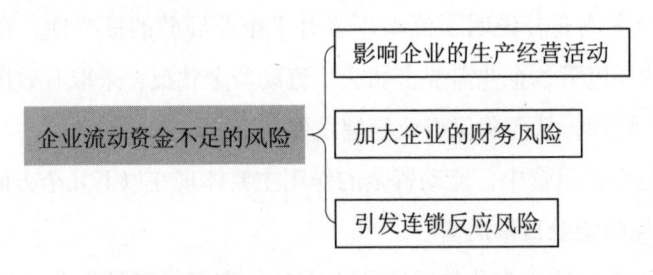

图7-1 流动资金不足可能给企业带来的风险

1. 影响企业的生产经营活动

没有足够的资金购买原材料、支付员工工资和日常运营费用，企业的生产线可能被迫停工，业务活动将受到限制。这将导致企业的生产

能力下降,甚至影响到产品质量和交付周期,从而影响客户满意度和市场份额。

2. 加大企业的财务风险

资金紧张会导致企业难以按期偿还债务,甚至面临违约的风险。这将进一步损害企业的信用评级,使得企业更难获得融资支持。同时,流动资金不足还可能使企业无法抓住市场机遇进行投资或扩张,从而错失发展良机。

3. 引发连锁反应风险

一旦企业陷入资金困境,供应商可能会减少供货或提高价格,合作伙伴可能会失去信心而选择离开。这不仅会使企业陷入更严重的资金短缺境地,还可能导致业务合作伙伴关系破裂,影响企业的长期稳定发展。

为了降低流动资金不足带来的风险,企业需要采取有效的措施。首先,加强财务管理,通过资金预算合理规划资金使用,确保资金能够满足日常运营和发展的需要。其次,积极拓展融资渠道,寻求多元化的资金来源,降低对单一融资渠道的依赖。同时,加强与供应商、合作伙伴的沟通与合作,建设供应链,发挥资金的统筹利用效率,必要时共同应对资金困境,保持业务稳定。

第二节 筹措与运用:开源节流,活水滚滚

筹措流动资金是每个企业在经营活动中不可或缺的重要步骤。它不仅关乎企业的正常运营,还直接影响到企业的未来发展和竞争力。在

筹措流动资金的过程中,企业需要谨慎考虑资金来源的多样性、成本及潜在的风险等诸多因素,以确保资金的安全、稳定和可持续性。

一、流动资金的筹措

在筹措资金方面,企业确实拥有多种选择,每种方式都有其独特的优势和特点,适用于不同的企业情况和市场环境,所以在筹措资金时,应根据自身的实际情况和市场环境选择合适的融资方式。同时,企业还需要注重与金融机构、投资者和政府的沟通与协作,以获取更多的支持和资源。在筹措资金的过程中,企业还应注重资金使用的效率和风险控制,确保资金能够为企业的发展提供有力的支持。流动资金的筹措方式如图7-2所示。

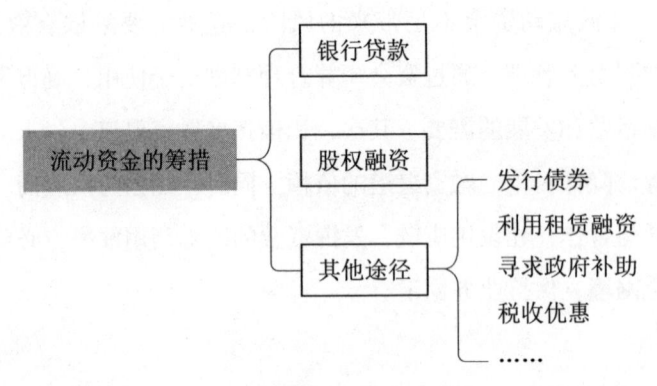

```
                    ┌─ 银行贷款
                    │
流动资金的筹措 ──────┼─ 股权融资
                    │
                    │              ┌─ 发行债券
                    │              ├─ 利用租赁融资
                    └─ 其他途径 ───┼─ 寻求政府补助
                                   ├─ 税收优惠
                                   └─ ……
```

图7-2 流动资金的筹措方式

1. 银行贷款

银行贷款是企业在筹措资金时常用的一种方式。银行作为专业的金融机构,能够提供稳定且规模较大的资金支持。通过向银行申请贷款,企业可以快速获得所需的资金,用于满足短期或长期的资金需求。银行贷款的优势在于其较低的融资成本,且企业可以根据自己的还款能力选择不同的还款期限。然而，银行贷款也有其局限性，如严格的审批程序和较高的信用门槛，一些初创企业或信用记录不佳的企业可能难以获得银行贷款。

近年来，在日益激烈的市场竞争环境下，某创新型企业正面临着前所未有的发展机遇与挑战。为了进一步提升其市场竞争力，该企业迫切需要扩大生产规模以满足日益增长的市场需求。然而，巨大的资金需求成为企业扩张过程中的一道难题。为了解决这一问题，公司决定寻求银行的贷款支持以筹措所需资金。

在深入了解市场行情和企业状况的基础上，该企业与一家知名银行进行了多次深入沟通。在沟通过程中，企业向银行详细展示了其经营情况、未来发展规划和还款能力。企业以其稳健的经营策略、前瞻的市场布局，以及强大的技术创新能力赢得了银行的青睐。

银行在全面评估了企业的信用记录、经营稳定性和还款能力后，认为该企业具备较高的贷款资格。经过双方协商，银行决定为企业提供一笔规模较大的贷款，以满足企业扩大生产规模的需求。

获得贷款后，企业迅速行动，成功购置了先进的生产设备，并对现有生产线进行了全面升级。在先进的设备和技术支持下，企业的生产效率得到了大幅提升，产品质量也获得了显著提升。同时，企业还通过扩大生产规模，进一步提高了市场占有率，赢得了更多客户的青睐。

随着产品质量的提升和市场份额的扩大，企业的盈利能力也得到了显著提升。企业不仅成功偿还了银行贷款，还实现了稳健发展。这笔贷款不仅解决了企业扩张过程中的资金问题，更为企业的未来发展奠定了坚实的基础。

2. 股权融资

股权融资是另一种重要的筹措资金方式。通过发行股票或吸引投资者入股，企业可以获得长期稳定的资金来源。股权融资的优点在于无须承担固定的利息支出，不会有偿还到期债务的财务风险，但股东要求的回报率高，资金成本高。同时，通过引入战略投资者或机构投资者，企业还可以获得更多的业务资源和支持。然而，股权融资也伴随着一定的风险，如稀释原有股东的权益、公司控制权的转移等问题。因此，企业在选择股权融资时需要谨慎权衡利弊。

随着业务的迅猛发展，某公司资金需求的日益增长已成为制约其进一步发展的瓶颈。为了支持研发、市场拓展及团队建设等方面的需要，该公司急需筹集足够的资金。然而，传统的债务融资方式往往意味着沉重的财务负担和潜在的经营风险，同时还可能限制公司未来的战略调整与拓展。因此，公司高层在经过深思熟虑后，决定探索股权融资这一更为灵活且风险较低的融资方式。

在决定采用股权融资之前，该公司首先进行了全面的内部评估。通过对公司财务状况、发展前景及潜在投资者需求等多方面因素的深入分析，公司明确了此次融资金额及投资者类型。随后，公司积极与多家潜在投资者进行沟通，展示自身的发展潜力和行业优势，以吸引更多有实力的投资者。

经过不懈努力，该公司成功吸引了一家战略投资者和几家机构投资者的青睐。这些投资者不仅为公司注入了大量的资金，还带来了丰富的行业经验和资源。特别是战略投资者的加入，将有助于公司在行业内形成更为紧密的合作关系，共同开拓市场、提升技术实力。

股权融资的成功实施，使得公司的资金压力得到了有效缓解。研发部门得以加大投入，推出更具创新性和竞争力的产品；市场拓展团队也获得了更多的资金支持，以加快业务拓展步伐。同时，新的投资者为公司带来了新的业务资源和人际关系，有助于提升公司的市场地位和竞争力。

此外，股权融资还为公司带来了更多的战略可能性。随着资金压力的减轻，公司可以更加从容地应对市场变化和竞争压力，甚至可以考虑进行更多的战略布局和投资。这将有助于公司在激烈的市场竞争中保持领先地位，实现持续、稳健的发展。

总之，该公司通过股权融资成功解决了资金短缺问题，并为未来的发展奠定了坚实的基础。此次融资不仅为公司带来了急需的资金支持，还引入了行业内有影响力的合作伙伴，共同推动公司走向更加美好的未来。

3. 其他途径

除了银行贷款和股权融资外，企业还可以选择发行债券、利用租赁融资、寻求政府补贴或税收优惠等方式筹措资金。发行债券是一种中长期融资方式，适合那些信用状况良好、有稳定现金流的企业；租赁融资则适用于需要购置大型设备或资产的企业，可以降低企业的初期投入成本；政府补贴和税收优惠则可以在一定程度上减轻企业的财务压力，提高其市场竞争力。

二、流动资金的运用

企业在成功筹措流动资金后，如何巧妙运用这些宝贵的资源，便成了一项至关重要的任务。流动资金如同企业的血脉，源源不断地为企业的日常运营和长远发展提供动力。在流动资金的管理中，开源节流原则及流动资金的使用效率是两个核心要素，它们共同影响着企业的资金状况和经营成果。

1. "开源节流"的原则

在运用流动资金方面，企业需要深入贯彻"开源节流"的核心原则，以确保企业资金的安全与高效运转。开源节流作为财务管理的重要策略，既要求企业不断拓宽收入来源，又要求企业精打细算，严格控制成本。

在开源方面，企业应积极探索多元化的市场渠道，通过扩大销售市场、提升产品质量及降低成本等方式，努力增加收入。企业应当不断创新，积极研发符合市场需求的新产品，并提升生产效率，优化产品结构，以获取更多的竞争优势。同时，企业还可以通过加强品牌宣传和市场推广，提升品牌知名度和美誉度，从而吸引更多客户，增加销售收入。

在节流方面，企业需在确保正常生产经营活动的前提下，精准控制费用支出，降低经营成本。这要求企业在采购、库存、财务管理等多个环节进行精细化操作。企业可以通过：①优化采购流程，选择性价比更高的供应商，降低采购成本。②科学合理地安排生产计划，降低库存成本。③加强财务管理，提高资金使用效率，减少浪费。

2. 重视流动资金的使用效率

在当今竞争激烈的市场环境中，企业要想保持稳健发展，必须高度重视流动资金的使用效率。流动资金是企业日常运营和发展的重要支撑，因此，如何合理、高效地运用流动资金，成为企业管理者必须面对的重要课题。

（1）监控与分析资金的流入流出。资金流监控与分析是财务管理的关键，对企业稳健运营和长远发展至关重要。运用财务分析工具，企业可实现资金流动的实时监控与深入分析，提升管理效能。

首先，实时监控有助于掌握资金流动动态。财务分析工具整合数据形成直观图表，可以展现资金来源与去向，助力企业及时发现并解决资金风险。

其次，深入分析能揭示资金流动问题及不足。合适的财务分析工具通过对比、趋势分析等手段挖掘深层次原因，能够发现不合理之处和规避财务风险。

最后，助力企业制定合理资金管理策略。应用财务分析工具，可以帮助企业明确资金需求与缺口，制订精准筹资计划和投资方案，优化资金调度和分配，进一步降低成本。

（2）加强内部控制。加强内部控制对于提高流动资金使用效率尤为重要，不仅有助于确保企业资金的安全性和合规性，还能为企业的稳健发展提供有力保障。因此，企业应积极探索并实施有效的内部控制措施。

首先，建立完善的内部控制制度。这包括明确各项业务流程和操作规范，以确保资金使用的合规性和安全性。具体来说，企业应制定详细的资金管理办法和操作规程，明确资金使用的审批权限、决策程序及监督责任。此外，企业还应建立完善的内部沟通机制，确保各部门之间信息的及时传递和共享，以便更好地监控和管理资金。

其次，加强内部审计和风险管理工作。内部审计是对企业内部控制制度的监督和评价，有助于发现潜在的风险和问题。企业应定期对资金使用情况进行审计和检查，重点关注资金使用的合规性、安全性和效率性。同时，企业还应加强风险管理工作，对可能出现的资金风险进行识别、评估和应对。这包括建立完善的风险预警机制，对可能出现的资金风险进行提前识别和应对，从而避免潜在损失。

此外，优化资金使用流程。例如，企业可以优化采购、销售和库存管理等业务流程，减少资金的占用和浪费。同时，企业还可以利用现代科技手段，如大数据分析和人工智能等，对资金使用情况进行实时监控和预测，从而更加精准地把握资金需求和风险。

第三节　监控与优化：守护活水，持续流淌

流动资金是企业生存与发展的生命线，而流动资金管理的核心则在于对企业资金流动的全面监控与优化。只有通过对资金流动的实时监控，企业才能及时发现并解决潜在的资金风险，确保资金的健康、稳定流动。然而，仅仅依靠监控是不够的，企业还需要对资金流动进行优化，其目的在于提高资金的使用效率，降低资金成本，确保资金能够满足企业日常经营和发展的需要。

某企业流动资金管理与优化实践

某企业一直致力于提升自身的竞争力，但在流动资金管理方面遇到了不少挑战。企业规模不断扩大，业务复杂度逐渐增加，流动资金流动的监控和优化难度也随之增大。为了解决这些问题，该企业决定开展流动资金管理与优化项目。

1. 项目目标

（1）实时监控企业资金流动，及时发现并解决潜在的资金风险；

（2）提高资金的使用效率，降低资金成本；

（3）确保资金能够满足企业日常经营和发展的需要。

2. 实施方案

（1）建立流动资金监控系统。该企业通过引入先进的资金管理系统，建立了全面的流动资金监控系统。该系统能够实时监控企业资金流入、流出、结余等关键指标，并自动生成资金流动报告。企业管理层可以通过系统了解资金流动情况，及时发现并应对潜在的资金风险。

（2）优化资金流程。企业对现有的资金流程进行了梳理和优化。首先，简化了审批流程，提高了资金使用效率。其次，优化了资金结算方式，减少了资金占用成本。最后，企业建立了资金预算制度，通过预算控制资金的收支平衡。

（3）加强资金风险管理。企业设立了专门的资金风险管理部门，负责对企业资金流动进行全面的风险评估和监控。该部门定期分析资金流动数据，识别潜在的资金风险，并提出相应的应对措施。此外，企业还加强了与金融机构的合作，以获取更加优惠的融资条件和资金保障。

3. 项目成效

（1）流动资金监控能力显著提升，潜在的资金风险得到了及时发现和应对；

（2）资金使用效率得到了提高，资金成本得到了降低；

（3）企业的资金流动更加稳定和健康，满足了企业日常经营和发展的需要。

通过实施流动资金管理与优化项目，上述案例中的企业成功提升了自身的流动资金管理能力，为企业的发展提供了有力的保障。同时，该案例也为其他企业提供了可借鉴的经验和启示，即重视对流动资金的监控与管理是企业实现稳健发展的重要途径。

一、流动资金的监控

在监控流动资金的过程中，企业首先应明确关注哪些关键指标。流动资金的规模、结构和周转率等核心指标，无疑是监控工作的重点。这些指标能够反映企业资金的流动性、安全性及营利性，从而为企业决策者提供有力的数据支持。流动资金的监控重点如图7-3所示。

```
流动资金的监控内容 ┬─ 监控流动资金的规模
                  ├─ 监控流动资金的结构
                  └─ 监控流动资金的周转率
```

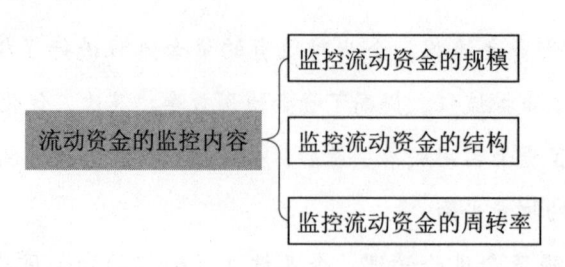

图 7-3　流动资金的监控重点

1. 监控流动资金的规模

流动资金的规模直接关系到企业的运营能力和偿债能力。企业应通过定期核查银行账户、现金流量表等方式，确保流动资金的规模保持在合理水平，既能满足日常运营需求，又能应对突发事件。

2. 监控流动资金的结构

流动资金的结构反映了企业资金来源与运用的分布情况。企业应关注短期借款、存货、应收账款等科目的变动情况，合理调整资金结构，降低资金成本，提高资金运用效率。

3. 监控流动资金的周转率

流动资金的周转率也是衡量企业运营效率的重要指标。周转率越高，说明企业资金利用效率越高，盈利能力越强。企业应通过优化供应链管理、加强应收账款管理等方式，提高流动资金的周转率。

二、流动资金的优化

企业应定期对流动资金进行全面且细致的优化工作，以提升资金的使用效率，降低运营成本，从而确保企业稳健发展。流动资金优化的核心目标在于实现资金的高效利用与成本的有效控制。为实现这一目标，企业可借助现代财务管理的方法和工具进行科学合理的规划与安排。

1. 流动资金优化工具

第一,预算管理在流动资金优化中起到了举足轻重的作用。通过制定预算,企业可以对未来的资金需求进行精准预测,确保资金在不同业务领域的合理分配。此外,预算还能帮助企业发现并纠正潜在的资金浪费现象,从而提高资金的整体使用效率。

第二,现金流预测同样是企业流动资金优化过程中的关键环节。通过对企业未来的现金流进行预测,企业可以更加准确地掌握资金流动情况,及时发现并应对可能出现的资金短缺或过剩问题。此外,现金流预测还能帮助企业优化收款与付款策略,实现资金流转的良性循环。

2. 流动资金优化方法

在优化流动资金的过程中,企业还需注重细节与方法的运用。例如,可以通过加强应收账款管理,提高资金回笼速度;通过优化存货管理,降低库存成本;通过合理安排短期融资,确保资金需求的及时满足。这些细节性的工作将有助于企业进一步提高流动资金的使用效率,降低成本。

3. 关注外部环境影响

除了上述工具和方法外,企业还应关注外部环境的变化对流动资金的影响。随着市场竞争的加剧,以及宏观经济环境的变化,企业需要不断调整和优化流动资金管理策略,以适应外部环境的挑战。同时,企业还应加强内部管理,提升员工对流动资金管理的认识和重视程度,形成全员参与、共同管理的良好氛围。

第八章 财务分析工具的"魔法道具"

第一节 财务分析：魔法道具助力决策

对财务分析工作的重视程度越高，在执行具体任务时便越需审慎行事。企业应深刻认识到，财务分析绝非仅限于数据的简单统计与了解，而是需要深入挖掘与分析其中的内涵。在此过程中，财务分析工具的重要性不容忽视，它们如同财务分析者的得力助手，协助完成烦琐而细致的任务。然而，如何选择并恰当地使用这些财务分析工具，已成为企业面临的一大挑战。只有真正掌握了这些工具的应用技巧，才能充分发挥其在财务分析工作中的价值，为企业带来更为精准、深入的财务洞察。

一、财务分析的概念与重要性

财务分析是财务管理的重要途径，旨在通过对企业或项目的财务报表和其他相关财务数据进行深入研究，揭示企业的经济状况、经营成果和现金流量状况，从而为投资者、债权人、管理者等提供决策依据。财务分析不仅关注企业的历史表现，还预测未来的发展趋势，有助于各方利益相关者更好地了解企业的财务状况和经营绩效。

1. 财务分析的优点及重要性

财务分析主要涉及企业的三大报表，即资产负债表、利润表和现金流量表。通过对这些报表进行详细的分析和解读，我们可以了解企业的资产结构、负债情况、盈利能力、偿债能力及现金流状况等关键信息，通过这些信息能够更准确地理解财务报表数据的含义，更加清晰地呈现出财务报表信息与商业活动的内在逻辑，从而提高对会计信息认知和解读的能力。

财务分析具体包括比率分析、趋势分析、同行业比较等工具和方法，以便更全面地评估企业的财务状况和经营成果。

财务分析的优点如图8-1所示。

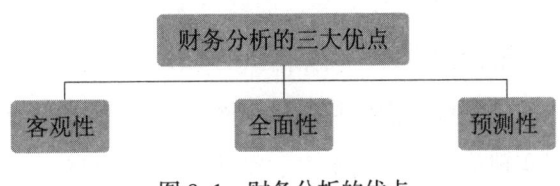

图8-1 财务分析的优点

（1）客观性。财务分析以财务报表等客观数据为依据，避免了主观臆断和偏见的影响，使得分析结果更具说服力。

（2）全面性。财务分析涵盖了企业的各个方面，包括资产、负债、收入、成本、利润等，能够全面反映企业的财务状况和经营成果。

（3）预测性。通过对历史数据的分析，财务分析还可以预测企业未来的发展趋势和潜在风险，为企业决策提供有力的支持。

2. 财务分析的重要性

财务分析之所以重要，是因为财务报表分析是通过收集、整理企业财务报表的有关数据，并结合其他非财务信息，对企业的财务状况、经营成果和现金流量情况进行综合比较和评价，为企业会计信息使用者提供管理决策和控制依据的一项管理工作。

由于各利益相关者的分析目的不同，所以这项工作可以同时作用于多方参与者。其一，有利于投资者作出明智的决策；其二，有利于债权人做出准确分析;其三,有利于企业管理者制定策略;其四,有助于政府对企业的监管;其五,其他利益相关者,如客户、供应商、竞争对手等。

(1) 财务分析有助于投资者作出明智的投资决策。通过深入了解企业的财务状况和经营成果,投资者可以判断企业的盈利能力、成长潜力和风险水平,从而决定是否投资该企业。因为盈利能力是股东投入资本实现保值增值的关键。此外,财务分析还可以帮助投资者比较不同投资项目的优劣,选择最适合自己的投资方案。

(2) 财务分析对于债权人来说同样至关重要。债权人通过财务分析可以评估企业的偿债能力,确保借款的安全性。此外,债权人还可以根据财务分析的结果调整借款利率和还款期限等条款,以更好地保障自身权益。为了实现债权人的到期收本收息这一终极目标,是需要以企业的盈利能力和周转率做支撑的。

(3) 财务分析对企业管理者的决策也具有重要的参考价值。通过财务分析,管理者可以了解企业的运营状况,发现潜在的问题和风险,从而制定更有效的经营策略。此外,财务分析还可以帮助企业进行成本控制、优化资源配置等方面的工作,提高企业的整体运营效率。另外,为了提高企业内部活力和企业整体的效益,还需要借助财务报表分析对企业内部的各个部门和员工进行绩效考评,并为今后的生产经营编制科学预算。

(4) 政府对企业的监管。其具体履行往往需要借助财务报表分析,监督企业是否遵循了相关政策法规,以及是否存在偷漏税、垄断等行为,以维护市场经济秩序,保障国家和社会的利益。

(5) 为了自身利益,利益相关者会进行财务报表分析,以了解企业的财务状况、信用状况甚至公众形象。

综上所述,财务分析在现代经济管理中发挥着举足轻重的作用。

无论是投资者、债权人还是企业管理者等，都需要掌握财务分析的基本方法和技巧，以便更好地了解企业的财务状况和经营绩效，为决策提供有力的依据。同时，随着经济的不断发展和市场的不断变化，财务分析也需要不断更新和完善，以适应新的经济形势和市场需求。

二、财务分析工具的选择及使用技巧

某中型企业，在面临市场竞争激烈和利润空间日益压缩的背景下，需要更加精准和高效地进行财务分析，以制定有效的经营策略。传统的财务分析手段已无法满足企业管理层对数据深度和广度的需求。于是，企业引入了一款名为"魔法财务透镜"的财务分析工具，该工具结合了人工智能技术，能够帮助企业快速、深入地分析财务数据，并给出针对性的建议。

1. 魔法财务透镜的功能与特点

（1）数据整合能力：能够自动收集并整合企业内外部多个财务数据源，形成全面、统一的财务数据视图。

（2）智能分析引擎：内置强大的算法和模型，能够自动识别和解析财务数据中的异常和趋势，进行深度分析。

（3）可视化报表输出：支持多种形式的可视化报表，帮助用户直观地理解财务数据的变化和关系。

（4）个性化建议系统：根据分析结果，为企业提供针对性的财务优化建议，支持策略制定和决策参考。

2. 实践应用

（1）利润结构分析：通过魔法财务透镜，企业发现其利润结构中，某一业务板块的毛利率明显高于其他板块。于是，企业决定加大对该板块的投资和扩张，提高整体盈利能力。

（2）成本控制识别：该工具可帮助企业识别出在供应链管理中存在的隐性成本，如库存周转率低、采购效率低下等。根据建议，企业优化了供应链管理流程，降低了成本。

（3）风险预警机制：魔法财务透镜还建立了风险预警机制，能够实时监测财务数据的异常变化，如应收账款的增长过快、负债率过高等，及时提醒企业调整经营策略，规避风险。

3. 效果评估

经过一段时间的使用，魔法财务透镜显著提升了企业的财务分析能力和效率。企业的财务决策更加科学、精准，经营策略更加符合市场变化和自身实际。企业的盈利能力、成本控制能力和风险应对能力均得到了有效提升。

有效的财务分析能够帮助企业发现潜在的风险与机遇，提升运营效率，进而实现持续稳定的发展。而在这个过程中，选择适合的财务分析工具，以及掌握相应的使用技巧，无疑是至关重要的。

1. 财务分析工具的选择

市场上，财务分析工具琳琅满目，既有针对大型企业的高端定制化软件，也有适合中小企业和个人使用的简易版工具。在选择财务分析工具时，企业应充分考虑自身实际需求和预算，如图8-2所示。

（1）明确分析目标。企业在进行财务分析时，应明确分析目标，如成本分析、收益分析、财务比率分析等。根据分析目标的不同，选择合适的财务分析工具将有助于提高分析效率和准确性。

（2）考虑数据规模与处理能力。大型企业通常拥有庞大的财务数据，因此需要选择具备高效数据处理能力的工具。而对于中小企业和个人而言，简易版工具可能更为适用，既能够满足基本需求，又能降低使用成本。

```
                          ┌─────────────────────────┐
                          │    明确分析目标         │
                          ├─────────────────────────┤
┌───────────────────────┐ │ 考虑数据规模与处理能力  │
│ 选择财务分析工具的要点├─┤                         │
└───────────────────────┘ ├─────────────────────────┤
                          │ 关注工具的易用性和兼容性│
                          ├─────────────────────────┤
                          │    考虑成本效益原则     │
                          └─────────────────────────┘
```

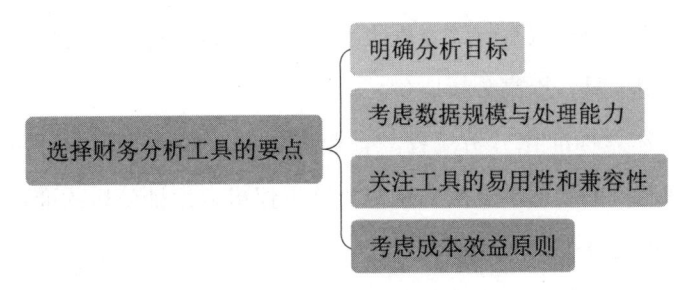

图 8-2　财务分析工具的选择

（3）关注工具的易用性和兼容性。一个优秀的财务分析工具应具备直观的操作界面和友好的用户体验，同时还应兼容多种数据来源和格式，方便用户导入和整合数据。

（4）考虑成本效益原则。在选择财务分析工具时，应同时考虑成本效益，因为作用突出、效率明显的工具往往需要支出更多的成本，这对资金资源有限的企业来说可能并不是最好的选择。

2. 财务分析工具的使用技巧

在选择合适的财务分析工具后，掌握正确的使用技巧同样重要，如图 8-3 所示。

```
                            ┌─────────────────────────┐
                            │      熟悉工具功能       │
                            ├─────────────────────────┤
                            │   建立标准化分析流程    │
┌─────────────────────────┐ ├─────────────────────────┤
│ 财务分析工具的关键使用技巧├─┤  结合实际业务进行分析  │
└─────────────────────────┘ ├─────────────────────────┤
                            │  注重数据对比与趋势分析 │
                            ├─────────────────────────┤
                            │  不断学习与探索新功能   │
                            └─────────────────────────┘
```

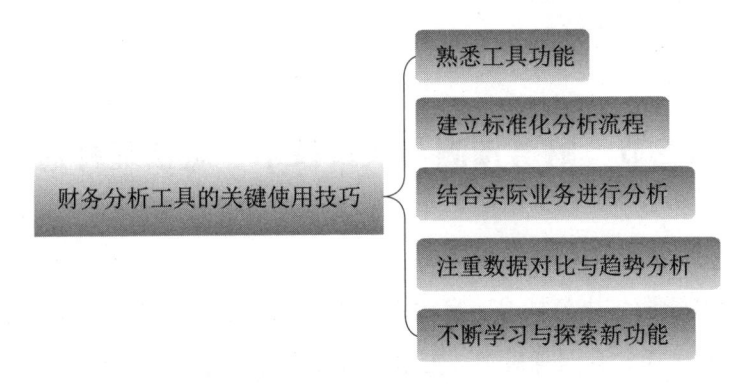

图 8-3　财务分析工具的使用技巧

（1）熟悉工具功能。在使用财务分析工具之前，应充分了解工具的各项功能，包括数据导入、处理、分析、可视化等。这有助于我们更高效地利用工具，提高分析质量。

（2）建立标准化分析流程。企业应建立一套标准化的财务分析流程，明确分析的步骤、方法和规范。这不仅可以保证分析的准确性和一致性，还能提高分析效率。

（3）结合实际业务进行分析。财务分析不应仅仅停留在数据层面，还应结合企业的实际业务情况进行分析。通过深入了解业务背景，分析人员可以更准确地把握财务数据背后的含义，从而提出更具针对性的建议。

（4）注重数据对比与趋势分析。在进行财务分析时，对比不同时间节点或不同业务部门的数据，以及分析数据的变化趋势，有助于发现潜在的问题和机遇。因此，我们应充分利用财务分析工具提供的数据对比和趋势分析功能。

（5）不断学习与探索新功能。财务分析工具的功能在不断更新和完善，我们应保持对新功能的关注和学习。通过掌握新功能，可以更好地应对日益复杂的财务分析需求，提升个人能力和职场竞争力。

第二节　财务预测与决策技术：魔法显神通

　　财务预测与决策技术，宛如施展的魔法，能够助力企业抢占先机，把握市场脉搏。它们既科学又实用，结合了大量的数据、实证、经验和专业知识，为企业提供了准确、可靠的决策支持。在这瞬息万变的商业世界中，借助预测与决策技术的力量，企业能够更好地抓住机遇、应对挑战，实现稳健而可持续的发展。

一、财务预测概念及步骤

通过对未来财务状况的预测，企业可以更加清晰地把握市场动向，制定合理的战略规划，并作出明智的投资决策。因此，企业如果想要在财务分析过程中作出正确的决策，就需要掌握相应的财务预测技术。

1. 财务预测的概念

财务预测，简而言之，就是根据企业过去的财务数据及市场环境等因素，运用一定的方法和技术，对企业未来的财务状况进行预测和估算。财务预测技术对于企业的意义在于，它能够帮助企业把握未来的发展方向，为战略规划、投资决策、融资计划等提供重要的参考依据。同时，财务预测还有助于提高企业的经营效率，减少不必要的风险，提升企业的竞争力。

2. 财务预测的具体步骤

财务预测是一项复杂而重要的任务，需要掌握具体的步骤与技巧。通过数据收集与整理、模型构建与调整，以及结果分析与评估等环节的精心设计和实施，可以提高财务预测的准确性和可靠性，为企业的发展提供有力的支持。财务预测的步骤如图8-4所示。

（1）数据收集与整理。数据收集与整理是财务预测的基石，它决定了预测结果的可靠性和有效性。在这一步骤中，需要关注以下几个方面：

① 选取合适的财务数据：根据预测的目的和需求，选取合适的财务数据，如历史财务报表、市场数据、行业数据等。这些数据能够全面反映企业的财务状况和经营成果，为后续的预测分析提供有力的支撑。

```
财务预测的        数据收集与整理 ─┬─ 选取合适的财务数据
具体步骤                        ├─ 处理异常值
                                └─ 数据清洗与整理

                 模型构建与调整 ─┬─ 选择合适的预测模型
                                ├─ 调整模型参数
                                └─ 模型验证与评估

                 结果分析与评估 ─┬─ 预测结果的解读
                                ├─ 误差分析
                                └─ 改进建议
```

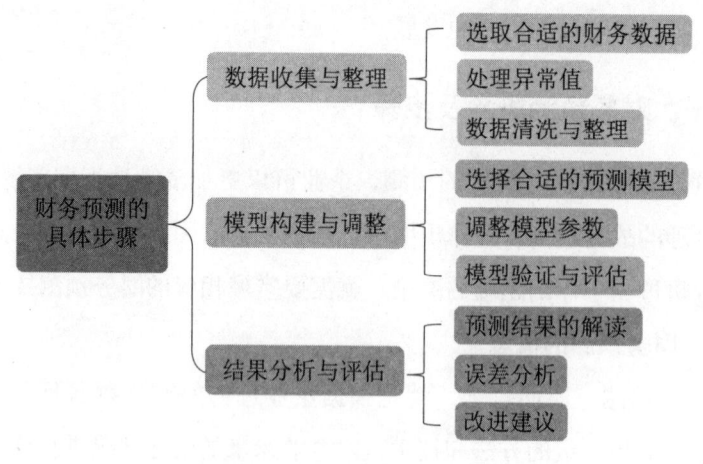

图 8-4 财务预测的步骤

② 处理异常值：在数据收集过程中，可能会遇到一些异常值，如突发事件导致的财务数据波动等。为了确保预测结果的准确性，需要对这些异常值进行处理，如剔除、替换或平滑处理等。

③ 数据清洗与整理：对收集到的财务数据进行清洗和整理，包括检查数据的完整性、一致性、准确性等，确保数据的真实可靠。同时，对数据进行必要的格式化处理，如统一单位、转换数据类型等，以便于后续的分析和建模。

（2）模型构建与调整。模型构建与调整是财务预测的核心环节，它涉及选择合适的预测模型、调整模型参数等。在这一步骤中，需要注意以下几个方面：

① 选择合适的预测模型：根据预测的目标和数据的特点，选择合适的预测模型。常见的财务预测模型包括时间序列分析、回归分析、神经网络等。不同的模型具有不同的优缺点和适用范围，需要根据实际情况进行选择。

② 调整模型参数：在选定预测模型后，需要对模型的参数进行调

整和优化。这包括选择合适的预测期限、设置合适的置信水平等。通过调整模型参数，可以提高预测的准确性和可靠性。

③ 模型验证与评估：在构建和调整模型后，需要对模型进行验证和评估。这包括使用历史数据进行回测、对比不同模型的预测结果等。通过验证和评估，可以了解模型的性能和稳定性，为后续的预测提供有力的保障。

（3）结果分析与评估。结果分析与评估是财务预测的最后一个环节，它涉及对预测结果的解读、误差分析与改进建议等。在这一步骤中，需要注意以下几个方面：

① 预测结果的解读：对预测结果进行详细的解读和分析，包括预测值的大小、趋势、变化等。通过解读预测结果，可以了解企业未来的财务状况和经营成果，为决策提供有力支持。

② 误差分析：对预测误差进行分析，找出误差产生的原因和影响因素。通过误差分析，可以了解预测模型的不足之处，为后续的改进提供方向。

③ 改进建议：根据误差分析和实际情况，提出针对性的改进建议。这包括调整模型参数、优化预测方法、增加数据量等。通过不断改进和优化，可以提高财务预测的准确性和可靠性。

二、财务预测及决策分析方法

财务预测及决策分析涉及对未来经济状况的合理预判和基于数据的决策支持。在实际操作中，财务人员和企业管理者需要借助多种分析方法，结合历史数据和市场环境，对企业的财务状况进行全面而深入的剖析，从而制定出更为精准有效的财务战略。

1. 财务预测的方法介绍

财务预测方法大致可分为定性和定量两大类。

（1）定性预测方法：这类方法主要依赖于预测者的主观判断和经验，通过搜集和分析各种非量化信息来预测未来的财务状况。定性预测方法的优点在于灵活性强，能够考虑到许多难以量化的因素；但其缺点也较为明显，即预测结果受预测者主观因素的影响较大，难以保证预测的准确性。

例如，某新兴科技公司，正计划进入一个新的市场领域，并希望对该市场的潜在收入和成本进行预测。由于该市场领域对于公司来说尚属未知，历史数据有限且不具有代表性，因此公司决定采用定性预测方法进行财务预测。

◆ 定性预测过程

① 市场调研：公司首先进行了一系列的市场调研活动，包括问卷调查、深度访谈和竞争对手分析等，以便了解潜在客户的需求、市场规模、竞争对手情况等信息。

② 专家判断：公司邀请了行业内的专家和顾问，基于他们的经验和知识，对市场未来的发展趋势、技术变革、政策法规等因素进行评估和预测。

③ 情景分析：结合市场调研和专家判断的结果，公司构建了多种可能的市场发展情景，并分析了每种情景下公司的潜在收入和成本情况。

④ 风险评估：公司还对预测过程中可能出现的风险进行了评估，包括市场风险、技术风险、运营风险等，并制定了相应的应对措施。

◆ 定性预测结果

通过定性预测，公司得出了一系列关于新市场领域的潜在收入和成本的预测值。这些预测值虽然不如定量预测那么精确，但为公司的战略规划和决策提供了重要的参考依据。

（2）定量预测方法：与定性预测方法不同，定量预测方法主要依赖于数学模型和统计分析，通过对历史财务数据进行处理和分析，来预测未来的财务状况。定量预测方法的优点在于结果相对客观，预测精度较高；但其缺点在于需要较为完善的数据支持，且对于某些复杂因素的考虑可能不够全面。

例如，近年来随着市场竞争的加剧，W公司管理层意识到准确预测未来财务状况的重要性。为此，公司决定采用定量预测方法，以提高财务预测的准确性和可靠性。

◆ 方法选择与实施

① 数据收集：公司财务部门首先收集了过去五年的财务数据，包括销售额、成本、利润等关键指标。同时，还收集了行业趋势、市场需求等外部数据。

② 模型建立：基于收集的数据，财务部门利用时间序列分析、回归分析等定量预测方法，建立了多个财务预测模型。

③ 模型评估与选择：通过比较各模型的预测误差、准确率等指标，财务部门选择了预测性能最优的模型作为公司的财务预测工具。

◆ 应用与效果

① 预算编制：利用定量预测模型，财务部门能够更准确地预测未来一段时间的销售收入、成本等关键财务指标，从而为预算编制提供了有力支持。

② 决策支持：管理层在制定投资策略、扩张计划等重大决策时，可以依据财务预测结果，评估不同方案的潜在风险和收益，从而作出更明智的决策。

③ 风险控制：通过定期更新财务预测数据，公司能够及时发现潜

在的财务风险,并采取相应的应对措施,降低风险对公司经营的影响。

通过采用定量预测方法,W公司提高了财务预测的准确性和可靠性,为公司的预算编制、决策支持和风险控制提供了有力支持。同时,这也体现了公司在财务管理方面的专业性和前瞻性。

2. 财务决策分析方法介绍

在当今复杂的商业环境中,作出正确的决策是组织取得成功的关键。为此,管理者和决策者需要掌握各种有效的决策分析方法,以确保决策的准确性和高效性。企业可以对财务决策树和敏感性分析进行深入了解,以便于更全面地了解这些工具在实际决策过程中的应用价值。

(1)财务决策树方法。财务决策树(financial decision tree)是一种利用树状结构来表示财务决策过程和结果的分析工具。通过财务决策树,管理者能够系统地梳理出不同决策方案下的潜在收益、风险,以及现金流等关键指标,进而对方案进行比较和选择。

在构建财务决策树时,首先需要确定决策点,即需要作出决策的关键时刻。然后,根据可能的决策方案,分别列出不同方案下的概率分布和预期结果。通过层层分解,最终形成一个完整的树状结构。这种结构化的分析方法有助于管理者更清晰地了解各种方案之间的逻辑关系。

财务决策树的应用范围广泛,包括投资决策、融资决策、风险管理等多个领域。例如,在投资决策中,管理者可以利用财务决策树评估不同投资项目的潜在收益和风险,从而选择出最具吸引力的项目。

(2)敏感性分析方法。敏感性分析(sensitivity analysis)是一种评估决策变量对目标函数影响程度的方法。通过敏感性分析,管理者可以了解哪些因素对决策结果具有显著影响,从而在决策过程中重点关注这些因素,提高决策的准确性和可靠性。

在进行敏感性分析时，需要设定一组敏感性因子，即可能影响目标函数的主要变量。然后，逐一调整这些变量的值，观察目标函数的变化程度。通过对不同敏感性因子进行分析和比较，可以确定各因子对决策结果的影响程度和相对重要性。

敏感性分析的优势在于它可以帮助管理者更好地应对不确定性因素。通过了解哪些因素最具敏感性，管理者可以在决策过程中更加关注这些因素的变化情况，以便及时调整决策方案，降低风险。

第三节　财务风险管理：魔法护盾，抵御风险

谈及财务分析，自然无法绕开财务风险这一重要议题。既然已经认识到其潜在风险，那么科学地管理工作便成为当务之急。通过实施合理有效的财务风险管理，企业能够巧妙规避财务活动中的诸多风险，从而进一步促进各项工作的顺利开展。因此，企业需深入挖掘并全面理解财务风险管理所蕴含的内涵与精髓，确保在日益激烈的市场竞争中保持稳健的财务状况。

一、财务风险的定义与内涵

财务风险，狭义上可以理解为筹资风险，即企业无法按时还本付息，从而引发财务状况恶化的风险。广义上，财务风险则指在企业经营生产过程中，由于内外环境的不确定性导致的财务状况波动，进而危及企业利益。

虽然财务风险无法彻底消除，但通过科学的管理与控制，我们可

以将其控制在企业可承受的范围之内。财务风险贯穿于企业财务活动的各个环节,与企业整个生产经营过程紧密相连。

此外,财务风险控制具有客观性、不确定性、可度量性、广泛性(全面性)、多层次、动态性及联动性(集团特有)等特征。

而在风险种类方面,财务风险可分为可控与不可控两类。其中,可控财务风险包括但不限于市场风险、信用风险、流动性风险等;不可控财务风险具体包括筹资决策风险、投资决策风险、经营风险(涵盖资金回收风险、利益分配风险、应收账款风险、税务风险、管理风险,以及资本运营风险等)。

二、财务风险管理的意义

××企业是一家中型企业,在近年来市场竞争日益激烈的背景下,企业高层意识到了财务风险管理的重要性,于是着手加强财务风险控制工作。

首先,××公司设立了一个专门的财务风险管理部门,负责全面监控和分析企业的财务状况。该部门定期对企业的财务报表进行审查,并密切关注各项财务指标的变化。同时,该部门还负责与其他部门密切合作,共同识别和分析潜在的财务风险。

其次,××企业建立了一套完善的财务风险管理制度。该制度明确了财务风险管理的目标、原则和方法,规定了各部门在财务风险管理中的职责和权力。同时,该制度还规定了财务风险报告和应急预案的编制程序,确保在面对突发财务风险时能够迅速响应。

最后,××企业注重提升员工的财务风险防范意识。企业定期组织财务风险培训,让员工了解财务风险的概念、特点和防控方法。同时,企业还通过内部宣传、案例分享等方式,不断强调财务风险管理的重要性,激发员工的主动性和创造性。

通过以上措施，××企业的财务风险管理水平得到了显著提升。企业的财务风险得到了有效控制，财务状况稳定，生产经营环境更加安全。同时，员工的财务风险防范意识也得到了提高，企业在面对风险时能够迅速识别和有效防控。这些举措为××企业的长远发展奠定了坚实的基础。

有效的财务风险管理控制对于企业的长远发展至关重要。它不仅决定了企业能否在激烈的市场竞争中脱颖而出，走向更加长远高效的发展道路，还直接关系到企业的生命周期。财务风险管理为企业提供了安全的生产经营环境，可以帮助企业应对多样化的财务风险，减少其对企业生存与发展的潜在威胁。

财务管理作为企业经营管理的核心，其风险管控直接影响到企业的日常运营。财务风险的影响是长期且深远的。因此，在初期阶段及时规避和控制风险，能够有效减少潜在损失。同时，财务风险控制工作的开展有助于提升企业的风险防范意识，使其在面对风险时能够迅速识别和有效防控。

三、当前企业财务风险控制的现状与挑战

在新形势下，企业在财务风险控制方面面临诸多挑战。首先，许多企业尚未形成强烈的财务风险管理与控制意识，缺乏实质性的管理与控制措施；其次，风险管理制度和应对机制尚不完善，导致财务风险防范工作存在诸多漏洞；最后，财务风险监管体系不健全、内审薄弱，以及风险管理控制人才短缺等问题也制约了企业财务风险控制能力的提升。

从财务活动层面来看，财务预算管理体系的不完善、企业资产流动性不足、应收账款难以回收、筹融资方法单一，以及投资风险、市场

风险、运营风险等问题也增加了企业财务风险的复杂性。

四、加强企业财务风险控制的措施与建议

为了改善企业财务风险控制的现状，我们可以从以下几个方面着手：

第一，增强财务风险管理与控制意识，提升全员对财务风险的认识和重视程度。同时，建立健全的风险管理制度和应对机制，确保财务风险防范工作有章可循、有效实施。

第二，完善财务预算管理体系，提高企业财务活动的预见性和可控性。加强企业资产的流动性管理，优化资金结构，降低资金成本。同时，加强应收账款管理，完善收款制度，降低坏账风险。

第三，拓宽筹融资渠道，降低债务比例，优化资本结构。在投资活动中，加强市场调研和风险评估，避免盲目投资带来的风险。

第四，加强财务风险管理的信息化建设，提高风险管理的效率和准确性。同时，加强财务风险控制人才的培养和引进，为企业财务风险管理工作提供有力的人才保障。

通过以上措施，相信企业能够有效提升财务风险控制水平，保障企业的稳定发展和持续创造价值。控制方法：回避风险法、降低风险法、分散风险法、转移风险法，这些策略的选择需根据企业不同的风险偏好来灵活应用。

1. 在企业层面，我们应该重视以下几个方面

（1）加强财务风险管理意识，提升财务管理人员的综合素质，确保高层能够正确看待财务风险，对风险控制保持高度重视，从而增强整体风险管理意识。

（2）建立健全财务风险管理制度，以此提升企业应对财务风险的

能力，确保企业在面对风险时能够迅速作出反应。

（3）设立专门的财务风险管理监督部门，确保相关管理与控制措施能够得到有效执行，防止风险漏洞的产生。

（4）优化财务风险管理程序与控制步骤，建立健全企业财务风险预警机制，提前发现并应对潜在风险。

（5）建立信息化平台，完善财务流程，构建高效的风险管理信息化系统，提高风险管理的效率和准确性。

（6）完善风险管理机制，提高风险防范制度的科学性，强化内部审计工作，确保财务风险监督工作的有效性。

（7）积极培养高素质人才，提升企业风险管理层次，建立定期的培训机制，不断增强团队的风险应对能力。

2. 在财务活动层面，我们更应注重以下几个方面

（1）强化日常经营活动中财务管理的重视程度，加强经营活动控制，以防控管理风险，确保企业稳健运营。

（2）制定科学有效的投资决策机制，提高投资决策的准确性和可行性，降低投资风险。

（3）精心策划资本运营，防控资本运营风险，积极拓宽筹融资渠道，优化资本结构，为企业创造良好的筹资环境。

（4）构建完善的财务预算管理体系，确保企业预算的合理性和可执行性，为财务管理提供有力支持。

（5）提升内部经营管理水平，加强企业应收账款管理，强化资产管理能力，以有效防控资产风险。

（6）准确识别税务风险，提高税务优化水平，使企业享受税收优惠政策，降低税务风险带来的损失。

第九章 财务战略规划的"航海图"

第一节 财务战略规划：指引企业前行的航海图

财务战略规划是企业成功运营的基石，它在企业的长期发展中具有举足轻重的地位，同时也是企业决策过程中不可或缺的重要支撑。一个完善的财务战略规划，不仅有助于企业应对市场竞争的种种挑战，还能够为企业提供稳健的经济支撑，确保企业在激烈的市场竞争中立于不败之地。

一、财务战略规划的重要性

某设计有限公司在行业内享有较高的知名度和影响力，但随着市场竞争的加剧，公司也面临着诸多挑战。为了实现可持续发展，公司管理层意识到制定财务战略规划的重要性，并着手推进相关工作。财务战略规划的制定与实施如下所述。

1. 明确财务目标和战略定位

企业首先明确了其财务目标，即实现收入的稳步增长和利润的最大化。同时，根据市场需求和公司特点，公司确定了其战略定位，即专注于高端设计市场，提供定制化的设计服务。

2. 优化资源配置，提高运营效率

为实现财务目标，公司优化了资源配置，提高了运营效率。在人力资源方面，公司加强了人才引进和培训，建立了一支高效的设计团队。在资金管理方面，公司实行了严格的预算控制和成本管理，确保了资金的合理使用。

3. 拓展融资渠道，降低财务风险

为了应对可能的市场风险和资金压力，公司积极拓展融资渠道。一方面，公司通过与银行合作，获得了低成本的贷款支持；另一方面，公司积极吸引战略投资者，通过股权融资为公司的发展提供资金支持。

4. 建立财务监控体系，确保战略实施

为确保财务战略规划的有效实施，公司建立了完善的财务监控体系。公司定期对财务状况进行分析和评估，及时发现问题并采取相应措施。同时，公司还加强了内部审计和风险管理，确保财务信息的准确性和可靠性。

该公司通过制定和实施财务战略规划，实现了财务目标和业务发展的双赢。公司不仅提高了运营效率，优化了资源配置，还成功应对了市场风险和挑战，实现了稳健发展。这一成功案例为其他设计公司在财务战略规划方面提供了有益的借鉴和启示。

在竞争激烈的市场环境中，企业要想稳健发展，就必须注重财务战略规划的制定和实施。财务战略规划，简单来说，是指企业根据自身的经营环境、市场需求、战略目标等，对财务资源进行合理配置，以实现企业长期盈利和可持续发展的过程。它不仅关注企业当前的财务状况，更着眼于未来，为企业的长远发展提供有力支撑。

1. 财务战略规划在企业发展中扮演着举足轻重的角色

一个有效的财务战略规划，能够帮助企业明确未来一段时间内的发展方向和目标，为企业的投资决策、融资活动，以及资金运作提供明确的指导。通过合理规划，企业能够避免资金浪费和盲目投资，提高资

金使用效率，进而实现资源的优化配置。

2. 财务战略规划有助于企业应对市场风险和挑战

在激烈的市场竞争中，企业面临着诸多不确定性因素，如市场需求变化、价格波动、政策调整等。一个完善的财务战略规划能够使企业在面临这些挑战时保持冷静，迅速作出调整，降低潜在风险。此外，财务战略规划还能够提高企业的财务透明度，增强投资者和利益相关者的信心，为企业的融资活动创造有利条件。

为了更好地实施财务战略规划，企业需要注意以下几点：

① 要对市场环境进行深入分析，了解行业的发展趋势和竞争格局，为制定财务战略规划提供有力依据；

② 要结合企业的实际情况，明确自身的优势和劣势，制定切实可行的财务目标；

③ 要建立健全的财务管理体系，确保财务战略规划的有效执行和监控。

二、财务战略规划与企业决策

财务战略规划是企业决策中不可或缺的一环，它不仅直接影响企业战略的方向与目标的实现，还对日常运营与经营管理提供了明确指导。下面将从三个方面对财务战略规划与企业决策的关系进行深入探讨。

1. 财务战略规划在企业战略决策中发挥着重要作用

企业战略决策往往涉及多个层面，如市场定位、产品研发、生产制造等，而财务战略规划则在这些决策中起到了至关重要的作用。通过制定合理的财务规划，企业能够明确自身的资金需求和来源，为战略目标的实现提供有力的财务支持。同时，财务战略规划还能够帮助企业评估战略风险，为决策者提供风险预警和应对措施，确保企业战略的安全稳健。

2. 财务战略规划需要与其他战略规划进行协调与配合

企业战略是一个综合性的体系,各个战略规划之间需要相互衔接、相互支持。财务战略规划作为其中的一部分,需要与其他战略规划保持高度一致,确保企业战略的整体性和协调性。例如,在市场营销战略规划中,财务战略规划需要为其提供资金支持,同时根据市场营销的实际情况调整资金配置;在人力资源战略规划中,财务战略规划则需要考虑人力成本的控制与激励政策的实施等。

3. 财务战略规划对企业经营管理具有重要的指导意义

企业经营管理涉及诸多方面,如成本控制、收入管理、预算管理等,而财务战略规划则为这些管理活动提供了明确的目标和方向。通过制定详细的财务规划,企业能够合理安排资金运用,优化资源配置,提高经营效率。同时,财务战略规划还能够帮助企业建立有效的内部控制体系,规范财务管理流程,防范财务风险,确保企业的稳健运营。

第二节 制定与实施:扬帆起航,乘风破浪

企业想要做好财务分析与财务管理,就必须重视财务战略规划的制定与实施。这一理念是众多企业在实现可持续发展道路上的共同选择,对于优化企业内部管理,提升企业核心竞争力,具有重要的促进作用。

近年来随着市场竞争的加剧,Q公司面临着诸多挑战。为了应对这些挑战并实现可持续发展,Q公司决定进行财务战略规划的制定与实施,以优化资源配置、提高财务效率并促进公司的整体发展。

◆财务战略规划的制定

战略目标明确

Q公司首先明确了其财务战略目标,即实现稳定的收入增长、降低运营成本、提高盈利能力并优化资本结构。这些目标旨在确保公司在激烈的市场竞争中保持竞争力并实现持续发展。

◆市场分析与财务预测

Q公司通过对市场进行深入分析,了解了行业发展趋势、竞争对手情况,以及客户需求等关键信息。同时,公司还进行了财务预测,评估了未来一段时间内公司的收入、成本、利润等关键财务指标的变化趋势。

◆制定财务战略

基于市场分析与财务预测的结果,Q公司制定了以下财务战略:

1. 拓展市场份额

通过加大市场推广力度、提升产品质量和服务水平等方式,扩大公司市场份额,提高销售收入。

2. 降低成本

通过优化生产流程、提高生产效率、降低原材料采购成本等措施,实现成本的有效控制。

3. 加强资金管理

优化资本结构,降低财务风险;加强现金流管理,确保公司运营资金需求得到满足。

4. 实施风险管理

建立风险预警机制,及时发现并应对潜在风险;加强内部控制,提高公司风险防范能力。

◆财务战略规划的实施

1. 组织保障

为了确保财务战略规划的顺利实施,Q公司成立了专门的财务战略规划小组，负责监督并协调各部门在规划实施过程中的工作。同时，公司还加强了财务人员的培训和引进，提高财务团队的整体素质和专业能力。

2. 资源配置

Q公司根据财务战略规划的要求，对资源进行了优化配置。一方面，公司加大了对研发、市场、生产等关键部门的投入，以确保战略规划的有效实施；另一方面，公司通过削减不必要的开支、优化库存管理等方式，降低了不必要的资源浪费。

3. 监督与评估

Q公司建立了完善的监督与评估机制，定期对财务战略规划的实施情况进行检查和评估。公司通过对关键财务指标进行监控和分析，及时发现问题并采取相应措施进行调整和改进。同时，公司还鼓励员工提出意见和建议，以促进战略规划的不断完善和优化。

通过制定并实施财务战略规划，Q公司成功实现了收入增长、成本降低、盈利能力提升和资本结构优化等目标。公司在市场竞争中取得了明显的优势，市场份额不断扩大，盈利能力持续增强。同时，公司的财务管理水平和风险防范能力也得到了显著提升。这一案例充分证明了财务战略规划的制定与实施对于公司发展的重要性和必要性。

一、财务战略规划的制定过程

财务战略规划在企业经营发展中占据着重要地位，其制定过程是一项充满智慧与策略的工作，需要企业在多方面进行深入思考与审慎抉择。企业需要全面了解财务战略规划的制定流程，积极推动相关决策的设计与落实，从而为企业的稳步发展保驾护航。财务战略规划的制定过程如图9-1所示。

1. 明确战略目标

在制定财务战略规划时，企业需要明确自身的战略目标。这些目标应该与企业整体的战略目标相一致,并且与企业的使命、愿景和价值观相一致,同时考虑到市场环境、行业趋势及企业的实际情况。明确战略目标有助于为财务战略规划提供方向和依据。

```
财务战略规划的制定步骤 ──┬── 1 明确战略目标
                         ├── 2 分析财务状况
                         ├── 3 制定财务策略
                         ├── 4 注重风险管控
                         └── 5 多次修订完善
```

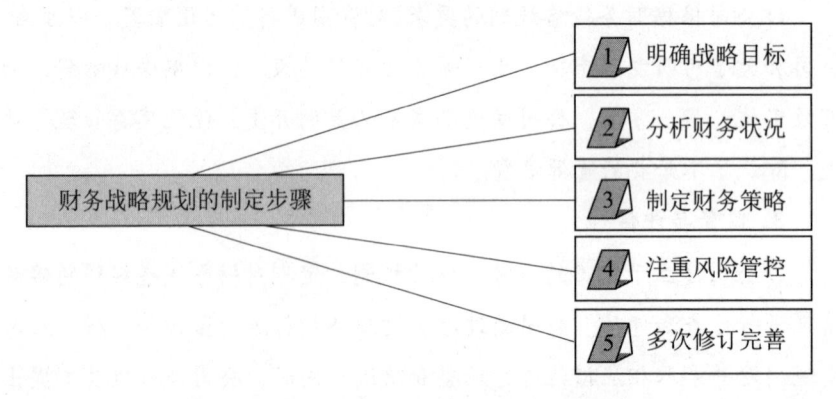

图 9-1　财务战略规划的制定过程

2. 分析财务状况

企业需要对现有的财务状况进行全面分析。这包括对企业的资产、负债、利润及现金流等方面的分析,以了解企业的经济实力、风险承受能力和发展潜力。通过财务分析,企业可以找出自身在财务方面存在的问题和不足,为制定有针对性的财务战略规划提供依据。

3. 制定财务策略

企业需要根据战略目标和财务状况,制定相应的财务策略。这些策略可能包括筹资策略、投资策略、成本控制策略及利润分配策略等。在制定策略时,企业需要充分考虑到市场环境的变化、竞争对手的动向及政策法规的影响等因素,以确保策略的可行性和有效性。

4. 注重风险管控

在财务战略规划的制定过程中,企业还需要注重风险管理和内部控制。通过建立健全的风险管理机制和内部控制体系,企业可以及时发现和应对可能出现的财务风险,保障财务战略规划的顺利实施。

5. 多次修订完善

财务战略规划的制定还需要经过多次的修订和完善。企业应该定期对战略规划进行评估和调整，以适应市场环境和企业实际情况的变化。同时，企业还可以借鉴其他成功企业的经验做法，不断完善和优化自身的财务战略规划。

二、财务战略规划的实施与监控

在当今的商业环境中，财务战略规划对于企业的成功至关重要。一个精心设计的财务战略规划不仅有助于企业实现短期目标，还能为企业的长远发展奠定坚实基础。因此，实施与监控财务战略规划成为企业管理的核心任务之一。

1. 推动财务战略规划的实施

财务战略规划的实施，对于确保企业稳健发展、优化资源配置、提升经济效益及降低财务风险具有举足轻重的意义。在当今这个经济快速发展的时代，一个清晰且全面的财务战略规划无疑是企业生存与发展的关键所在。

（1）财务战略规划的实施需要明确的目标和策略。企业应结合自身实际情况，制定切实可行的财务目标，如提高盈利能力、降低成本、优化资金结构等。同时，为实现这些目标，企业需要制定相应的财务策略，如投资策略、融资策略、税务优化等。这些策略应紧密围绕企业整体战略，确保财务资源的合理分配和高效利用。

（2）在实施过程中，企业还需关注组织结构和管理机制的完善。通过设立专门的财务部门或委员会，确保财务战略规划的执行和监督得到专业、高效的管理。同时，企业还需要完善财务内控制度，加强对财务活动的监督和约束，防止财务风险的发生。

（3）财务战略规划的实施还需要关注信息化建设。借助先进的财务管理软件和信息系统，企业可以实时掌握财务状况，提高决策效率和准确性。通过数据分析和挖掘，企业可以更好地预测未来发展趋势，为财务战略规划的调整和优化提供依据。

2. 重视对财务战略规划的监控

仅有实施还不足以确保财务战略规划的成功，监控环节同样重要。企业应对财务战略规划的执行情况进行定期评估，及时发现并纠正偏差。同时，还需要关注外部环境的变化，如政策调整、市场竞争等，以便及时调整财务战略规划，确保其与企业的整体战略保持一致。

在监控过程中，企业应注重建立激励与约束机制。对于执行财务战略规划表现出色的部门和个人，应给予适当的奖励和激励，以提高员工的积极性和归属感。对于未能按时完成任务或执行过程中出现失误的部门和个人，则应根据具体情况给予相应的惩处，确保财务战略规划得到有效执行。

此外，企业还可利用绩效考核制度来推动财务战略规划的实施与监控。通过设定明确的绩效指标和考核标准，企业可以量化评估财务战略规划的执行效果，为管理层的决策提供有力支持。同时，绩效考核制度还可以激发员工的创新精神，推动企业不断改进和优化财务战略规划。

第三节　评估与调整：航行中的指南针，确保方向正确

财务战略犹如航行中的指南针，为企业在波涛汹涌的商海中指引方向，确保企业始终朝着正确的目标前进。因此，对财务战略规划的评估与调整成为企业持续健康发展的关键。

在谋求发展的过程中，企业 A 近年来面临市场竞争加剧、成本上升，

以及客户需求多样化的挑战。为应对这些挑战，A企业于两年前制定了一套财务战略规划，旨在通过优化资源配置、提升资金使用效率、降低财务风险等手段，实现企业持续稳定的发展。然而，在实际执行过程中，A企业发现规划中存在一些问题，需要进行评估与调整。

◆财务战略规划评估

1. 资源配置评估

A企业通过对各部门的资源投入与产出进行对比分析，发现部分部门的资源配置不合理，导致资源浪费和效率低下。例如，研发部门的投入不足，影响了新产品的研发进度和市场竞争力；而某些生产部门的投入过多，却未能带来相应的收益增长。

2. 资金使用效率评估

在资金使用方面，A企业发现其应收账款周转率和存货周转率均低于行业平均水平，导致资金占用成本较高。此外，企业在投资方面的决策也存在一定的盲目性，部分投资项目未能达到预期收益。

3. 财务风险评估

通过对企业的负债结构、偿债能力及盈利能力进行分析，A企业发现其财务风险较高。主要体现在债务负担较重、流动比率偏低，以及盈利能力不稳定等方面。

◆财务战略规划调整

针对评估中发现的问题，A企业决定对财务战略规划进行如下调整：

1. 优化资源配置

A企业将根据各部门的实际需求和业务特点，重新调整资源配置。加大对研发部门的投入，提升产品创新能力；同时，对生产部门进行优化整合，降低不必要的成本支出。

2. 提升资金使用效率

为提升资金使用效率，A企业将加强应收账款管理，优化存货结构，降低资金占用成本。同时，A 企业在投资决策方面将更加注重项目的可行性和预期收益，避免盲目投资。

3. 降低财务风险

为降低财务风险，A 企业将调整债务结构，降低债务负担；同时，通过加强内部控制和风险管理，提升企业的偿债能力和盈利能力。

通过对财务战略规划的评估与调整，A 企业成功解决了在资源配置、资金使用效率和财务风险等方面存在的问题。调整后的财务战略规划更符合企业的实际情况和发展需求，有助于实现企业的持续稳定发展。

一、财务战略规划的评估

财务战略规划评估是一个系统性、全面性的过程。它涉及对企业现有财务状况、市场环境、资源能力等多方面的分析。财务战略规划的评估，如图 9-2 所示。

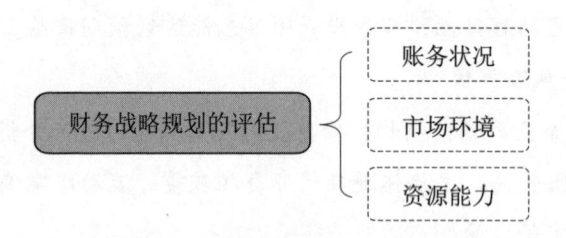

图 9-2　财务战略规划的评估内容

1. 财务状况

企业需要对自身的财务状况进行深入了解，包括收入、支出、利润等各方面的数据。这些数据不仅反映了企业当前的运营状况，还能为未来的规划提供重要依据。

2. 市场环境

企业需要对市场环境进行深入剖析，了解市场需求、行业趋势和竞争对手的动态。通过对比分析，企业可以发现自身的优势和不足，以及潜在的发展机遇和挑战。

3. 资源能力

企业还需对自身的资源能力进行评估，包括资金、技术、人才等方面。只有充分了解自身的实力和资源，企业才能制定出符合自身特点的财务战略规划。

二、财务战略规划的调整

在评估的基础上，企业需要对财务战略规划进行调整，以使规划更加符合企业当前的实际情况和发展目标。

（1）企业需要根据市场环境的变化调整战略规划。随着技术的进步和消费者需求的转变，市场环境不断发生变化。企业需要紧跟市场步伐，及时调整战略方向，以适应市场的变化。

（2）企业需要根据财务状况的变化调整规划。财务状况是企业生存和发展的基础，如果财务状况发生变化，企业需要及时调整规划，以确保企业的稳定发展。

（3）企业还需要根据资源能力的变化调整规划。资源是企业发展的动力源泉，如果资源能力得到提升或受到限制，企业需要对规划进行相应的调整。

三、评估与调整过程中的注意事项

在评估与调整财务战略规划的过程中，企业还需要注意以下几点：

（1）要坚持市场导向，根据市场需求和竞争态势来制定和调整规划；

（2）要注重内部管理的优化，提高运营效率和管理水平；

（3）要加强风险控制，避免潜在的风险对企业的财务安全造成威胁；

（4）要不断创新，通过技术创新、管理创新等方式提升企业核心竞争力。

第十章 财务绩效考评的"奇妙冒险"

第一节 绩效考评：激发潜能的隐形引擎

在现代企业管理体系中，绩效考评作为一套科学、系统的评价体系，已经在各个领域发挥着不可或缺的作用，在财务管理过程中亦是如此。企业需要深入探究绩效考评在财务管理中的定义及其发挥的重要作用，以便更好地推进相关工作的实施。

一、了解财务管理中的绩效考评

绩效考评，顾名思义，是对个体或组织在一定时期内的工作成果、行为表现等方面进行量化评估的过程。在财务管理中，绩效考评主要关注企业经济活动的效益和效率，通过设定一系列财务指标和非财务指标，对企业在一定时期内的财务状况、经营成果和现金流量等进行综合评价。这种评价方式旨在客观反映企业的经营状况，为管理层提供决策依据，促进企业财务管理的持续改进。

二、绩效考评在财务管理中的作用

D企业是一家知名互联网企业，在业内以创新力和高效率著称。随着市场环境的不断变化和企业规模的逐渐扩大，D公司愈发重视内部管理和运营效率。为全面了解企业的财务状况和经营成果，提升员工积极性与创造力，并优化资源配置，D公司积极实施了一套绩效考评体系。

◆绩效考评实施过程

1. 明确绩效指标

D公司根据自身的业务特点和战略目标，制定了一套全面、科学的绩效指标体系。这些指标既包括财务指标，如收入、利润、成本等，也包括非财务指标，如客户满意度、员工满意度、创新能力等。

2. 数据收集与分析

D公司建立了一套完善的数据收集系统，能够实时、准确地获取各项绩效指标的实际数据。同时，公司还运用数据分析工具对绩效数据进行深入分析，以便更好地发现问题和改进空间。

3. 对比预期值与实际值

D公司定期将绩效指标的预期值与实际值进行对比，以评估企业的整体绩效表现。对于未达到预期值的指标，公司会进行深入分析，找出原因并制定改进措施。

4. 绩效反馈与沟通

D公司注重绩效反馈和沟通机制的建立。每季度，公司都会组织绩效考评会议，将绩效考评结果向全体员工进行通报，并鼓励员工提出改进意见和建议。同时，公司还会与员工进行一对一的绩效面谈，帮助员工了解自身的工作表现，明确改进方向。

◆绩效考评的效果

1. 提升经营效率

通过绩效考评，D公司成功实现了对企业财务状况和经营成果的全面了解。针对发现的问题和不足，公司采取了有效的改进措施，显著提升了经营效率和市场竞争力。

2. 激发员工积极性

绩效考评与员工薪酬、晋升等切身利益挂钩，有效激发了员工的工作积极性和创造力。员工们纷纷表示，绩效考评让他们更加明确了自己的工作目标和方向，也更有动力去提升自己的工作质量和效率。

3. 优化资源配置

D公司借助绩效考评，对各部门、各项目的绩效表现进行了横向和纵向的比较。这不仅使得公司在资源配置上更加具有针对性，还实现了资源利用效率的最大化。

D公司绩效考评的实践案例表明，科学、有效的绩效考评体系对企业发展具有积极意义。它不仅能提升企业经营效率和市场竞争力，还能激发员工的工作热情和创造力，并优化资源配置。因此，其他企业可以借鉴D公司的经验，根据自身实际情况制定合适的绩效考评体系，以实现企业的可持续发展。

整体来看，绩效考评在财务管理中占据着关键且重要的地位，其重要作用具体体现在以下几个方面：

首先，绩效考评有助于管理者全面了解自身的财务状况和经营成果。通过对比各项财务指标的实际值与预期值，企业可以及时发现经营管理活动中存在的问题和不足，从而采取相应的改进措施。

其次，绩效考评有助于激发员工的工作积极性和创造力。通过将绩效考评结果与员工薪酬、晋升等切身利益挂钩，可以激励员工努力提高工作质量和效率，为企业创造更多价值。

最后，绩效考评还有助于企业优化资源配置，提高资源利用效率。通过对比不同部门、不同项目的绩效表现，企业可以更有针对性地进行资源投入和调配，以实现整体效益最大化。

为了更好地发挥绩效考评在财务管理中的作用，企业需要注意以下几点：

（1）要构建科学合理的绩效考评指标体系。指标体系既要涵盖企业的核心财务指标，也要考虑非财务指标的影响，以全面多维度反映企业的综合绩效。

（2）要注重绩效考评的公正性和透明度。要确保绩效考评过程公开、公正、公平，避免人为干预和偏见，使考评结果能够真正反映企业的实际情况。

（3）充分利用绩效考评结果。企业要对绩效考评结果进行深入分析，挖掘其中的问题和潜力，做到奖惩分明，为企业的战略决策和日常管理提供有力支持和驱动力。

第二节　绩效考评内幕：流程探索之旅

绩效考评作为财务管理目标的重要驱动因素，发挥着至关重要的作用。所以，若企业希望绩效考评得以精准到位、切实发挥实效，就必须对财务管理中的绩效考评流程展开深度剖析，从而更全面地掌握并灵活运用这一有力工具。

一、绩效考评的目的与原则

为增强市场竞争力，企业应当清晰地界定绩效考评的目的与原则，进而为自身发展奠定坚实基石，提供强劲有力的支撑。这样的举措将有助于企业在激烈的市场竞争中稳步前行，实现可持续发展。

1. 绩效考评的目的

绩效考评的主要目的在于全面评估企业财务管理的效果和效率。通过绩效考评，企业可以了解自身在财务管理方面的实际状况，及时发现存在的问题和不足，从而有针对性地制定改进措施。此外，绩效考评还有助于企业识别自身的优势，为进一步提升财务管理水平奠定基础。

例如，某制造企业近年来面临市场竞争加剧、成本压力增大的挑战，为了提高企业的财务管理水平，管理层决定引入绩效考评机制。

首先，企业设立了一套全面的财务管理绩效指标体系，包括资金利用效率、成本控制能力、预算执行情况等方面。每个指标都设定了明确的目标值和考核周期，以便全面评估财务管理的效果和效率。

在绩效考评过程中，企业采用定性与定量相结合的方式，通过收集财务数据、进行财务分析、开展员工访谈等多种手段，确保考评结果的准确性和客观性。

通过绩效考评，企业发现了一些财务管理方面存在的问题和不足，如资金利用效率不高、成本控制不严等。针对这些问题，企业制定了具体的改进措施，如优化资金调配流程、加强成本控制培训等，并责任到人，确保改进措施得到有效执行。

此外，绩效考评还帮助企业识别了财务管理的优势，如预算执行情况良好、财务风险控制得力等。企业对这些优势进行了总结和提炼，为进一步提升财务管理水平提供了宝贵经验。

经过一段时间的绩效考评和优化，该企业的财务管理水平得到了显著提升，企业竞争力和盈利能力也得到了增强。这一案例充分展示了绩效考评在助力企业优化财务管理方面的重要作用。

2. 绩效考评的原则

为了实现绩效考评的目的，企业需要遵循公正、客观、全面的原则，如图10-1所示。

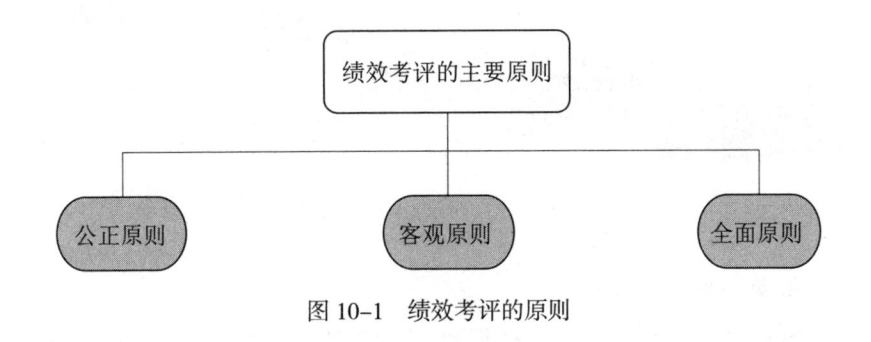

```
                绩效考评的主要原则
                       |
        ┌──────────────┼──────────────┐
      公正原则        客观原则        全面原则
```

图 10-1　绩效考评的原则

（1）公正原则要求绩效考评过程中不偏不倚，对所有参与者一视同仁，确保考评结果的公正性；

（2）客观原则强调绩效考评应以客观事实为依据，避免主观臆断和偏见，以保证考评结果的客观性；

（3）全面原则要求绩效考评应涵盖财务管理的各个方面，从多个角度综合评估企业的财务管理水平，以确保考评结果的全面性。

二、绩效考评的基本流程

在明确目的和原则的基础上，绩效考评的流程可以被细致地划分为以下几个步骤，旨在为企业提供一种系统、客观、公正的员工评价机制，以促进企业发展和员工成长。绩效考评的流程如图10-2所示。

1. 设定目标与制订计划

绩效考评的起始步骤是设定目标与制订计划。在这一阶段，企业需要根据自身的战略目标和业务发展需求，为各个部门和员工设定具体、可衡量的绩效目标。同时，还需制订详细的考评计划，包括考评周期、考评标准、考评方法等内容，以确保考评工作的有序进行。

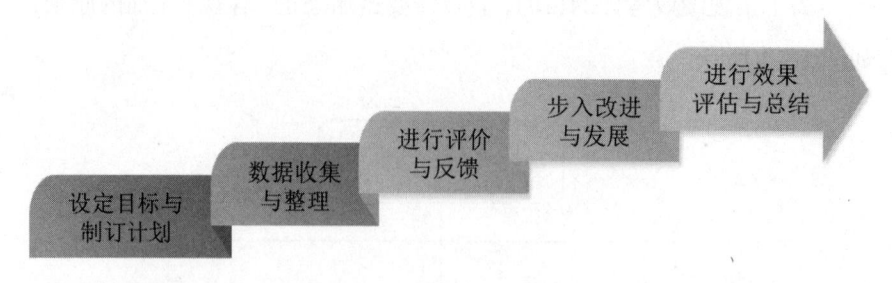

图 10-2　绩效考评的流程

2. 数据收集与整理

绩效考评的核心环节是数据收集与整理。在这一阶段，企业需要通过各种渠道收集员工的工作数据，如项目进度、工作成果、客户反馈等。这些数据需要进行分类、整理和分析，以便为后续的评价工作提供有力的依据。此外，为了确保数据的真实性和可靠性，企业还需要建立严格的数据审核机制。

3. 进行评价与反馈

进入绩效考评的评价与反馈阶段。在这一阶段，评价者需要根据之前设定的目标和计划，对员工的工作绩效进行全面、客观的评价。评价过程中，评价者需要遵循公平、公正、公开的原则，避免主观臆断和偏见。同时，评价者还需要及时将评价结果反馈给员工，让员工了解自己的优点和不足，以便进行改进和提高。

4. 步入改进与发展

绩效考评流程进入改进与发展阶段。在这一阶段，企业需要针对评价结果中存在的问题和不足，制订相应的改进方案和发展计划。这些方案需要包括具体的措施、时间表、责任人等要素，以确保改进措施能够得到有效实施。此外，企业还需要为员工提供相应的培训和发展机会，以帮助员工提高技能和素质，实现个人和企业的共同发展。

5. 进行效果评估与总结

进入效果评估与总结阶段。在这一阶段，企业需要对整个考评流程进行总结和分析，以发现流程中的问题和不足，并采取相应的改进措施。同时，还需要对考评工作的效果进行评估，以衡量其对企业和员工发展的影响和价值。这一阶段不仅有助于优化未来的考评流程，还能为企业提供宝贵的经验教训。

通过这一系列详细而完整的绩效考评流程，企业可以更加科学、客观地评价员工的工作绩效，激发员工的工作积极性和创造力，进而提升企业的整体竞争力。同时，员工也能通过这一流程更好地了解自己的工作表现和发展方向，从而不断提升自身的职业素养和能力水平。

第三节　揭秘绩效考评：优化宝典全解析

绩效可以作为一种有效的管理手段，助力企业实现财务管理的高效化、科学化。我们建议从绩效考评的优点出发，深入探讨其在财务管理中的应用，并针对性地提出相应的优化策略，以期更好地发挥绩效考评的效能。

一、绩效考评在财务管理中的优势

绩效考评，作为企业管理体系中的一项核心制度，能够客观、公正地评价员工的工作成果，进而为企业的发展提供强有力的支撑。在现代企业中，绩效考评不仅是一个管理工具，更是一个能够引导员工行为、激发员工潜能、推动企业进步的重要手段。

1. 绩效考评能够为企业提供一个明确的目标导向

通过制定科学合理的绩效指标，企业能够明确告知员工企业需要他们完成什么任务、达到什么标准。这样一来，员工便能够清晰地认识到自己的工作职责和目标，从而有针对性地开展工作。同时，绩效考评还能够使员工意识到自己的不足和需改进之处，进而在工作中不断进行调整和优化，实现个人与企业的共同成长。

2. 绩效考评能够为薪酬分配、晋升调岗等提供有力的依据

在绩效考评过程中，企业会根据员工的表现对其进行客观的评价和打分。这些评价和打分不仅反映了员工的工作成果，也体现了员工在团队中的贡献程度。企业可以根据绩效考评结果，对员工进行薪酬调整、奖金分配，甚至晋升机会的确定。这种基于绩效的激励机制，不仅能够激发员工的工作积极性，还能够确保企业资源的合理分配，提高整体运营效率。

3. 绩效考评能够激发员工的工作积极性和创造性

在绩效考评的驱动下，员工会更加关注自己的工作表现，努力提升自己的能力水平，以便取得更好的绩效成绩。同时，绩效考评也能够为员工提供一个展示自己才华和能力的平台，使员工在工作中更加自信、更加投入。在这种积极的工作氛围下，员工的创造性思维得以充分发挥，企业的创新能力也会得到不断提升。

二、财务管理中的绩效考评需要持续优化

在实际应用过程中，绩效考评仍存在一些问题和不足。首先，绩效考评指标设置不合理，可能导致评价结果的片面性；其次，绩效考评

过程中可能存在主观偏见和人为干预，影响评价的公正性；最后，绩效考评结果未能及时反馈给员工，导致员工无法了解自己的工作表现并进行调整。

例如，乙公司为了全面提升财务管理工作，一直致力于不断学习和吸收先进的经验与技巧。经过深入研究与分析众多成功公司的案例和经营模式，乙公司的管理者认识到了绩效考评在推动公司经营进步中的重要作用，因此决定从绩效考评入手，以推动企业财务管理工作的高效开展。

在实施绩效考评制度的过程中，乙公司管理者意识到这一行动的优点明显。通过绩效考评，公司能够更准确地评估员工的工作表现，为优秀员工提供激励，同时促进员工改进不足，从而提高整体工作效率。然而，在应用与实施一段时间后，工作的进度有所耽误。

经过仔细观察与分析，管理者发现，尽管绩效考评制度在一定程度上发挥了作用，但如果一直没有改进和优化，其效果会逐渐减弱，甚至可能产生一系列问题，耽误工作进展。例如，考核标准可能过于主观，缺乏客观性；或者考核过程可能过于烦琐，降低了员工工作的积极性。

为了解决这些问题，管理者开始重视绩效考评制度的优化策略。他们深入研究各种绩效管理理论，结合公司实际情况，制定了一系列优化方案。例如，采用更客观的考核标准，使绩效考评更具公正性；同时简化考核流程，减轻员工的负担。

此外，乙公司还注重绩效考评结果的反馈与沟通。他们定期组织员工进行绩效面谈，让员工了解自己在工作中的表现，并听取员工的意见和建议，以便进一步完善绩效考评制度。

最终，在不断地优化与改善后，乙公司的绩效考评制度得到了有效实施，为企业的财务管理工作提供了有力支持。员工的工作积极性得到提高，财务管理水平也得到了显著提升，从而使企业能够更好地应对市场竞争，实现稳健发展。

为了充分发挥绩效考评在财务管理中的优势并克服其不足，企业可以尝试以下优化策略：

1. 完善绩效考评指标体系

企业应根据自身发展战略和业务特点，制定科学、合理的绩效考评指标体系。指标应涵盖财务、市场、客户、内部流程和学习成长等多个维度，以确保评价结果的全面性和客观性。同时，指标应具有一定的灵活性和可操作性，以适应企业发展和市场环境的变化。

2. 加强绩效考评过程的透明度

企业应确保绩效考评过程的公开、公平和公正。在考评过程中，应避免主观偏见和人为干预，确保评价结果的真实性和有效性。此外，企业还应定期对绩效考评过程进行审查和监督，发现并及时纠正潜在的问题。

3. 强化绩效考评结果的反馈和应用

企业应及时将绩效考评结果反馈给员工，让员工了解自己的工作表现，并根据结果进行相应的调整。同时，企业还应将绩效考评结果与薪酬分配、晋升调岗等挂钩，以激发员工的工作积极性和创造力。此外，企业还可以将绩效考评结果作为制定未来发展战略和计划的重要依据，以提高企业的整体运营效率和市场竞争力。

第十一章　财务管理实操的"实战演练"

第一节　案例选取与分析：挑选实战对手，磨砺技能

在财务管理实操的"实战演练"中，案例选取与分析是至关重要的一环。一个好的案例能够为我们提供丰富的实践场景和真实的操作环境，帮助我们更好地理解财务管理理论，并将其应用于实际操作中。

首先，我们需要挑选具有代表性和挑战性的案例。这些案例可以是知名企业的财务管理实践，也可以是行业中典型财务管理问题。通过深入分析这些案例，我们可以了解到不同企业在财务管理方面的成功经验和教训，为今后的实际工作提供借鉴。

此外，我们还需要关注案例中涉及的财务管理知识和技能点。例如，如何制定财务预算、如何分析财务报表、如何进行成本控制等。通过案例学习，可以加深对这些知识和技能点的理解和掌握，为今后的实际工作打下坚实的基础。

关于某公司的财务管理实践学习

某公司作为全球知名的信息与通信技术解决方案供应商，其财务管理实践一直备受业界关注。我们可以围绕该公司的财务管理理念、预算编制、成本控制、财务风险管理等方面进行分析，旨在帮助读者深入

了解大型企业的财务管理实操。

1. 财务管理理念

该公司始终坚持稳健的财务管理理念,注重平衡风险和收益,保持稳健的财务状况。公司重视财务管理在企业战略中的地位,将其视为支撑企业可持续发展的关键要素。企业通过建立健全的财务管理制度和流程,确保资金安全、合规运营和效益最大化。

2. 预算编制

该公司采用滚动预算编制方法,根据市场环境和企业战略调整预算。预算编制过程中,公司强调跨部门协同和上下级沟通,确保各部门之间的预算目标与公司整体战略目标保持一致。同时,企业注重预算执行的监督和反馈,及时调整预算方案,以适应市场变化和企业发展。

3. 成本控制

成本控制是该公司财务管理的核心环节之一。公司通过实施全面成本管理,从产品设计、生产、销售等全业务链的各个环节严格控制成本。企业注重采购管理,与供应商建立长期稳定的合作关系,实现采购成本优化。此外,公司还加强内部成本控制,通过提高生产效率、降低库存等方式,实现成本节约。

4. 财务风险管理

该公司高度重视财务风险管理,建立完善的风险识别、评估、监控和应对机制。公司定期对财务风险进行排查和评估,针对潜在风险制定应对措施。同时,企业加强与金融机构的合作,优化融资结构,降低融资成本,确保公司资金链的稳健运行。

案例中公司的财务管理实践体现了稳健、协同和创新的特点。通过深入了解该企业的财务管理理念、预算编制、成本控制及财务风险管理等方面,我们可以为其他企业提供有益的借鉴和启示,从而推动财务管理水平的不断提升。

第二节 实操模拟：实战演练，检验所学

实操模拟是财务管理实操"实战演练"中的关键环节。通过模拟真实的财务管理场景，我们可以将所学知识付诸实践，检验自己的掌握程度，并找出不足之处加以改进。

在实操模拟中，我们可以选择不同角色进行扮演，如财务总监、财务分析师、成本控制员等。每个角色都有其特定的职责和任务，需要根据角色的特点进行操作和决策。通过角色扮演，我们可以更加深入地了解财务管理的实际操作过程，提高自己的实战能力。

此外，实操模拟还可以结合具体的数据和指标进行。例如，可以利用财务报表、财务指标等数据进行分析和预测，制定相应的财务策略。通过实际操作，我们可以更好地掌握财务管理的方法和技巧，提高自己的分析能力和决策水平。

实操模拟案例：某企业财务管理实操演练

为了加强财务管理人员的实际操作能力，某企业组织了一次财务管理实操模拟演练。此次演练旨在让参与者在模拟的真实环境中，熟悉财务管理的各个环节，提高解决实际问题的能力。

1. 角色分配与职责明确

在演练开始前，参与者被随机分为不同角色，包括财务总监、财务分析师、成本控制员等。每个角色都有明确的职责和任务，如下所示：

（1）财务总监：负责制定企业的财务战略和财务政策，监督财务报表的编制和审核，确保企业财务状况良好。

（2）财务分析师：负责收集、整理和分析财务数据，为管理层提供

决策支持，帮助企业优化资源配置和降低风险。

（3）成本控制员：负责监控企业的各项成本，提出成本控制建议和措施，确保企业成本控制在合理范围内。

2. 模拟场景与任务设置

演练中设置了一个模拟的制造企业场景，包括生产、销售、采购等各个环节。根据企业的实际经营情况，设置了一系列具体的任务，如：

（1）财务预测与预算编制：根据历史数据和市场趋势，进行财务预测和预算编制，为企业的未来发展提供规划依据。

（2）成本控制与优化：分析生产过程中的成本构成，找出可优化的环节，提出成本控制方案，降低企业运营成本。

（3）资金管理与筹资决策：根据企业的资金需求和筹集能力，制定合适的资金管理方案，确保企业资金流动性和安全性。

3. 数据分析与决策制定

在实操模拟中，参与者需要利用财务报表、财务指标等数据进行分析和预测。例如，财务分析师通过对财务报表的分析，发现企业销售收入增长缓慢，成本控制存在不足。于是，他向财务总监提出了加强市场推广和成本控制的建议。财务总监在综合考虑各项因素后，决定加大市场推广力度，并优化生产过程中的成本控制措施。

4. 总结与反思

演练结束后，参与者进行了总结和反思。他们普遍认为，通过实操模拟，可以更加深入地了解财务管理的实际操作过程，提高实战能力。同时，他们也认识到了各自在财务管理方面存在的不足之处，并计划通过进一步学习和实践加以改进。

此次财务管理实操模拟演练为企业培养了一批具备实际操作能力的财务管理人才，为企业的稳定发展提供了有力保障。

第三节　案例总结与启示：汲取经验，成为财务高手

张某是一位富有远见的企业家，管理着一家颇具规模的企业。多年来，这家企业在他的领导下，业务发展始终保持着稳健的态势，赢得了市场的广泛认可。然而，随着市场竞争的日趋激烈，张某逐渐感受到了在财务管理方面的力不从心，他开始意识到仅凭企业内部的力量已经难以满足企业持续发展的需求，亟须借助外部力量来共同推动。

为了突破这一瓶颈，张某决定借鉴业界的成功经验。他深知，只有不断学习他人的先进经验，才能使自己的企业立于不败之地，实现长远发展。为此，他特别组建了一个由经验丰富、专业知识扎实的成员组成的调研小组，进行深入的市场调研。

这个调研小组通过查阅资料、实地走访、问卷调查等多种方式，对业界领先企业进行了全方位的考察。他们不仅深入了解了这些企业的财务管理模式和方法，还详细研究了其企业文化、组织架构、人才培养等多个方面的先进做法。

经过精心调研和深入分析，张某和他的团队发现了自身在财务管理方面的诸多不足。他们发现，与业界领先企业相比，自己在财务管理理念、方法、手段等方面都存在较大差距：

（1）从财务管理理念上来看，这家企业未能充分认识到财务管理在企业战略决策中的核心地位。业界领先企业通常将财务管理视为企业战略发展的有力支撑，将财务目标与企业战略目标紧密结合，确保资源的优化配置。然而，该企业却往往将财务管理视为简单的资金记录与核算，缺乏前瞻性和战略眼光。这种落后的理念导致了企业财务决策的短视性和盲目性，影响了企业的长期发展。

（2）从财务管理方法上来看，该企业过于依赖传统的财务管理手段，如手工记账、简单的财务分析等。而业界领先企业则普遍采用了先进的财务管理软件和信息化系统，实现了财务数据的自动化处理和智能化分析。这种方法不仅提高了工作效率，降低了出错率，而且能够及时、准确地为企业管理层提供决策支持。该企业的传统方法已经无法满足现代企业的需求，严重制约了企业的财务管理水平。

（3）从财务管理手段上来看，该企业缺乏有效的风险控制和预算管理机制。业界领先企业通常建立了完善的风险管理体系和预算管理制度，通过风险预警、风险评估、风险应对等手段，确保企业财务安全。同时，通过预算编制、预算执行、预算调整等过程，确保企业资源的有效利用。然而，该企业却缺乏这些有效的手段，导致了企业财务风险的增加和资源的浪费。

这些差距不仅影响了企业的运营效率，也限制了企业的进一步成长。面对这些问题，张某没有退缩，而是迎难而上。因此，他带领团队倾注了大量心血，致力于研究和借鉴业界领先企业的财务管理模式和方法。

首先，他们不仅深入研究这些企业的财务管理流程，还细心分析它们背后的先进理念和手段。这些先进的管理理念，如精准的数据分析、智能化的决策支持、高效的资金运作等，都被他们一一剖析，并转化为自身团队可以实际运用的方法和策略。

其次，在充分理解和吸收这些先进理念和方法的基础上，他带领团队结合自身企业的实际情况，进行了大胆的创新和应用。他们通过改进财务管理流程，优化数据分析工具，提高了财务管理的效率和准确性；通过引入智能化决策支持系统，帮助企业做出更为精准和科学的决策；通过优化资金运作策略，确保了企业资金的稳健运作。

同时，他也意识到只有不断提升团队的专业素质和能力，才能在财务管理领域保持领先地位。因此，他积极引进外部专业人才，加强了企业财务管理团队的建设。这些新加入的专业人才，不仅带来了新的思维和理念，也为企业财务管理团队注入了新的活力。

最后，为了更好地发挥团队的优势，他还注重团队成员之间的沟通和协作。他定期组织团队建设活动，加强团队成员之间的互信和合作；他鼓励团队成员积极分享经验和知识，促进团队内部的相互学习和进步。

在吸收了这些宝贵的经验后，张某的企业在财务管理上实现了质的飞跃。他们优化了财务管理流程，提高了财务决策的准确性和及时性；加强了对企业风险的防范和控制；提升了整个企业的运营效率。这些举措不仅增强了企业的竞争力，也为企业的长远发展奠定了坚实基础。

案例总结与启示是财务管理实操实战演练的收尾环节。通过对案例的分析和总结，我们可以汲取经验，反思不足，为今后的实际工作提供有益的启示。

（1）总结和梳理案例中的问题和解决方案，有助于我们形成对财务管理问题的全面认识，并掌握解决这些问题的方法和技巧。

（2）关注案例中的亮点和创新点。这些亮点和创新点可能涉及新的财务管理理念、方法或工具，对于我们提高财务管理水平具有重要的参考价值。

（3）将案例总结与启示紧密融合于实际工作中。通过借鉴案例中的经验和教训，我们可以更好地应对实际工作中遇到的挑战和问题，提升自己的财务管理能力。

后记
——感恩的心

写这本书，其中的感恩之情，溢于心间，不吐不快。

感恩张玉先生，国家级企业培训师；讲师、咨询师、私董师三师体系总教练；中国万人金牌讲师首席导师；"师道"的传播者、传承者与创新者，有道无术，术尚可修，有术无道，止于术。我非常幸运地参加了导师的布道场，导师用教练的方式去启发我们，让我们自己寻求想要的答案，令我醍醐灌顶、茅塞顿开。

感恩这个时代的创业者和企业家，你们在经营管理方面的伟大实践，是我在专业研究道路上力量和智慧的源泉。

感恩我的同行——财税培训师、管理咨询师、财务总监（CFO），是你们让我们共同耕耘的这片土地生机勃勃。

感恩曾经给我以影响或帮助的所有人。

感恩我的父母、我的先生，他们是我生命和能量的源泉。

感恩我的两个孩子，一个离开我读大学，常常把我的思绪拉得很远，一个在眼前读小学，每当疲劳至极时把我的情感拉得很近。

感恩亲爱的读者，你们是我在这本书上所有努力的出发点，也是归宿。

李 丽